화면 속에 갇힌
아이들 구하기

SCREEN CAPTURED

화면 속에 갇힌
아이들 구하기

글로벌 SNS 사업가가 권하는
스마트한 스마트 기기 이용 습관

션 허먼 지음 | 안세라 옮김

ᕙ 유아이북스

인간의 정신은 기술을 압도해야 한다.

알베르트 아인슈타인

새로운 디지털 세계

정보와 기술은 인류의 문제를 해결하는 데 꼭 필요한 열쇠입니다. 기술은 끊임없이 진화하며 경험적 학습, 연결, 협업과 창조적인 활동에도 힘을 실어 주죠. 보호자와 교육자들은 아이들이 온라인 기술과 정보의 부작용은 피하면서 장점은 제대로 활용할 수 있도록 현명한 길잡이가 되어 주어야 합니다. 아이들이 '좋아요'나 '팔로우' 같은 소셜 미디어의 전략적 키워드를 자신의 가치와 소속감의 표시로 받아들여서는 안 됩니다. 또한 인플루언서가 심혈을 기울여 선별한 게시물을 보며 자신은 예쁘지도, 부유하지도, 인기 있지도, 뛰어나지도 않다는 느낌을 받는 것에서 해방되어야 합니다. 오늘 인터넷상에 남긴 발자국이 미래에 미칠 영향을 생각해야 하는 것은 물론이죠.

저자 션 허먼은 두 아이의 아버지이자 기술 산업의 전문가입니다. 그는 이 책에 자신의 실제 경험담뿐 아니라, 심리학, 신경 과학, 학제 간 연구, 전문가 의견, 출판물 등 여러 분야의 자료를 바탕으로 간결하면서도 포괄적인 정보와 조언을 아낌없이 담아냈습니다. 이를 통해 보호자는 자녀가 디지털 세계를 보다 대담하고 성공적으로 탐색할 수 있도록 도움을 줄 수 있을 것입니다.

아동 청소년 심리학자이자 과학 기술 분야 연구자로서 저는 차분하고 개방적인 소통, 신뢰, 그리고 상호 작용의 즐거움과 새로운 디지털 지형으로의 탐험을 추구하는 부모들에게 이 책을 강력히 추천합니다. 알베르트 아인슈타인의 말처럼 인간의 정신은 기술을 압도해야 합니다. 행운을 빌어요!

아동 청소년 심리학자
르네 보몬트

차례

1장 화면 속의 소속감
변치 않는 감정, 진화하는 기술

2장 소셜 미디어를 하는 동안 뇌에서는…
참을 수 없는 유혹

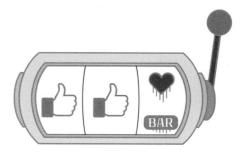

'좋아요'가 좋지 않은 이유
엄지의 무게는 가볍지 않다

 4장 **조종당하는 인간 화폐**
많으면 많을수록

7장 스마트 시대에 아이를 키운다는 것
바라만 볼 수는 없다

딸에게 생긴 두 팔로워

인생을 바꾼 사건 · · · ·

제 딸은 일곱 살에 터치 한 번으로 저의 인생을 완전히 바꾸어 놓았습니다.

9월의 어느 날 아침이었습니다. 우리는 집에서 특별할 것 없는 하루를 보내고 있었죠. 딸 케일리는 거실에서 자신이 가장 좋아하는 의자에 앉아 우리가 물려준 스마트폰을 가지고 놀고 있었습니다. 어제 새로 다운로드한 팝잼PopJam이라는 앱을 하면서 말이죠. 저는 딸의 셀카selfie에 등장하지 않으려고 애를 써 가며 어깨너머로 아이의 행동을 지켜보고 있었습니다. 아이는 자신의 얼굴에 어디서 본 듯한 캐릭터들을 올리고, 온갖 필터를 씌워가며 사진을 찍고 있었습니다. 스티커나 글자를 추가하기도 했죠. 다양한 색상과 세련된 디자인이 눈길을 끌고, 꽤 재미있어 보였습니다. 아이가 좋아할 만한 동물과 캐릭터도 많았고, 여러 가지 색으로 그림을 그릴 수도 있었어요. 기술 업계에 종사하는 사람으로서, 애플리케이션의 기능이 탐날 정도였습니다.

케일리는 자신의 얼굴 위에 강아지의 얼굴을 덮어씌우고, 모자와 선글라스까지 착용한 사진을 골랐습니다. 그리고 작은 소녀와 캡틴 언더팬츠 캐릭터, 유니콘 뿔을 가진 늑대 스티커를 추가했습니다. '멍멍!'이라는 말풍선도 달았죠. 아이는 그 사진을 포스팅했습니다. 그리고 아이의 즐거운 경험은 저에게 혼란과 걱정을 안겨 주었습니다. 포스팅 직후 다음과 같은 알림이 날아들기 시작했기 때문이죠.

> 멋진 첫 작품이군요!
> 챌린지에서 승리하면 엄청난 팔로워가 생깁니다!

> 팝잼이 당신의 게시물을 좋아합니다!

딸은 자신의 공식 계정에 두 명의 팔로워가 새로 생겼다는 알림을 받았습니다. 첫 번째 팔로워의 이름은 팝잼의 직원으로 추정되는 '스태퍼', 두 번째 팔로워의 이름은 '팝잼'이었습니다. 딸이 의기양양하게 외쳤습니다. "아빠! 팝잼이 저를 팔로우해요!" 아이는 한껏 들떠 있었죠. 팝잼이 보낸 자동 완성 메시지와 팝잼이 누른 '좋아요' 덕분에 아이의 눈은 반짝반짝 빛이 났습니다. 이렇게 아이는 즉각적인 만족감에 도취하게 됩니다. (2장에 나오는 소셜 미디어로 인한 신경전달물질의 분비에 대해 읽어 보면 이 말을 이해하게 될 겁니다.) 아이는 세상을 다 가진 듯 행복해 보였지만, 저는 불안했습니다.

문제는 아이가 받은 관심의 주체가 아이의 주변인도, 실제 사람도 아니라는 데 있었습니다. 이 앱은 봇bot(특정 작업을 반복 수행하는 프로그램—옮긴이)을 이용해 상대방의 게시물에 즉각적인 피드백과 호의적인 표현을 남기는 것 같았습니다. 당시 저는 앱 개발을 구상하면서 SNS, 즉 소셜 미디어 업계의 뜨거운 감자인 '도파민'과 '중독'에 대해 알아가던 참이었습니다. 그리고 이러한 종류의 관심이 두뇌의 발달을 저해한다는 사실도 알게 되었죠. 봇이 보내는 관심에 열광하는 딸을 바라보면서, 저는 무언가 잘못되었다고 느끼기 시작했습니다.

저는 '챌린지에서 승리하면 엄청난 팔로워가 생깁니다!'라는 문장에 대해 생각해 보았습니다. 제가 딸에게 수많은 팔로워가 생기길 바랄까요? 팝잼이 보내는 반응은 진짜 사람이 보내는 것이 아닙니다. 하지만 그것이 진짜 사람이든 아니든, 제 딸이 이러한 종류의 보상을 원하는 아이로 자라기를 바랄까요? 불과 몇 분도 되지 않는 시간 동안, 이 앱은 아이에게 '좋아요'와 팔로워 수가 많을수록 중요한 사람이 된다고 가르쳤습니다. 아이가 팔로워 수에 연연하고 누군가에게 확인받고 싶어 하는 사람으로 성장하는 게 제가 진정으로 원하는 일일까요?

이쯤 되자 저는 아이가 온라인 세상에서 어떤 종류의 상호 작용을 하게 될지, 그것이 아이의 뇌와 정신 건강, 더 나아가 아이의 삶을 어떻게 변화시킬지 궁금해졌습니다. 더 많이 공부해야겠다는 생각이 들기 시작했죠.

안전한 온라인 환경 ····

저도 보통의 부모들처럼 최신 기술을 받아들이며, 기술이 생활의 일부가 되었음을 인정합니다. 그렇기 때문에 딸에게 더욱 안전한 방식으로 온라인 세계를 탐색하는 방법을 가르치고자 합니다.

친구, 팔로워, '좋아요' 수를 늘리는 것에 중점을 둔 앱은 사용자의 참여를 극대화하기 위해 심혈을 기울여 설계되었습니다. 사용자 수를 늘리고, 지속적인 방문을 끌어내기 위해 개발자들은 각종 흥미로운 기능을 만들어 내죠. 앱의 기능을 통해 사용자는 다른 사용자들과 교류하는 방법, 다른 사용자들로부터 관심을 얻는 방법을 배웁니다. 이러한 기능들은 신경전달물질의 분비를 촉진하고 행동을 자극해 사용자가 더 많은 '좋아요'와 팔로워 수를 갈망하게 합니다. 다른 사람의 게시물에 '좋아요'를 누르도록 권하고, 서로서로 존재를 인정하도록 부추기죠. 결국 SNS 중독으로 이어질 수 있습니다. 뒤에서 다시 언급하겠지만, 이러한 행위는 우리의 마음과 정신 그리고 자아의 전반에 파급 효과를 일으킵니다.

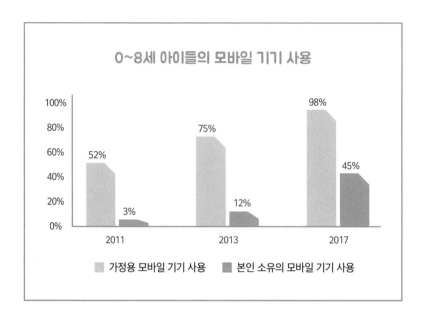

더욱이 인터넷을 접하는 아동의 연령이 점차 낮아지면서, 온라인 세상은 모든 발달 단계의 아이들에게 영향을 미치고 있습니다. 제가 가족을 위한 앱을 개발하며 이러한 문제에 관심을 갖기 시작하자, 미국의 비영리 교육 단체인 커먼센스미디어Common Sense Media에서 발표한 몇 가지 통계가 눈에 들어왔습니다.[1] 수치는 꽤나 놀라웠죠.

\# 모바일 기기를 사용하는 0~8세 아이들의 비율은 2011년 52%에서 2017년 98%로 대폭 증가했다.

\# 자신의 모바일 기기를 소유하고 있는 0~8세 아이들의 비율은 2011년 3%에서 2017년 45%로 상승했다.

\# 2017년, 0~8세 아이들의 일일 평균 모바일 기기 사용 시간은 2시간 17분

으로 나타났다.

아이들이 TV, DVD, 비디오 게임을 즐기는 시간은 줄어든 반면 (각각 51% 에서 42%로, 23%에서 12%로, 10%에서 4%로 하락) 모바일 기기로 여가 시간을 즐기는 아동은 2011년 4%에서 2017년 35%로 증가하였다.

교육 단체는 이러한 통계와 더불어 '미디어 이용이 자녀의 학습, 창의력, 사회성 함양과 집중력 향상에 도움이 된다고 생각하는 부모가 그렇지 않다고 생각하는 부모보다 훨씬 더 많다'라고 밝혔습니다. 기술은 더 이상 미래의 이야기가 아닙니다. 이미 일상이 되었죠. 기술의 발달로 우리는 많은 혜택을 누리고 있습니다. 하지만 세상만사가 그렇듯, 아무런 위험도 없이 거저 얻을 수 있는 것은 아무것도 없습니다.

온라인 미디어는 중독될 수 있습니다. 아이들에게도 해를 끼칠 수 있죠. 저는 온라인에서의 행동이 우리 아이들에게 어떤 영향을 미치고, 어떻게 하면 부모와 아이가 함께 온라인에 관한 유익한 대화를 이끌어 갈 수 있을지 더 깊이 알고자 했습니다. 솔직히 밝히자면, 저는 아이와 가족을 위한 메신저를 만드는 회사의 대표입니다. 하지만 이 책은 제 사업에 관한 책이 아닙니다. 제 목표는 아이들에게 더욱 안전한 온라인 환경을 만들어 주는 것입니다. 안전한 온라인 환경을 만들기 위해서는 어떻게 해야 할까요? 저는 이 질문의 답을 찾기 위해 공부해 왔고, 그 지식을 많은 부모와 나누기 위해 이 책을 쓰게 되었습니다. 이 책은 아이들의 온라인 활동을 관리하는 방법을 알려 주는 책이 아닙니다. 그런 식으로 접근하기에는 부모와 자식 관계가 집집마다 다르고 복잡하기 때문이죠. 대신 이 책을 통해 여러분은 아이들이 '좋아요'를 누르고, 팔로우를 하고, 게시물을 공유하고, 타인과 친구를 맺을 때 그들의 두뇌와 사회생활, 그리고 건강에는 어떤 일이 일어나는지 전반적으로 이해할 수 있게 될 것입니다.

인간은 집단에 소속되어 살아가고자 하는 존재입니다. 이 책의 초반부에서는 소셜 미디어 등장 전, 사회관계망이 어떻게 우리에게 영향을 미쳤는지, 그리고 인터넷은 어떻게 우리의 사회적 확인을 더욱 수월하게 만들었는지에 대해 이야기할 것입니다. 이를 바탕으로 우리가 소셜 미디어에 접속할 때 뇌에서는 어떤 신경전달물질이 분비되고, 앱은 사용자 이탈을 막기 위해 어떠한 방식으로 우리의 생물학적 반응을 이용하는지 심도 있게 알아볼 것입니다. 또한 책의 후반부에서는 앱 디자인이 어떻게 아이들의 행동에 영향을 미치고, 앱이 어떻게 우리에 관한 정보를 수집하고 사용하는지, 또 인터넷 사용자 연령이 점차 낮아지고 있는 상황에서 이것은 아이들에게 무엇을 의미하는지 이야기해 보겠습니다.

우리는 앞으로 이용하는 시간screen time과 조종당하는 시간manipulation time을 구분 지어 이야기할 것입니다. 전자는 스마트폰 등 전자 기기를 이용한 탐색적 놀이 활동을, 후자는 어린 사용자들을 마케팅과 브랜드 광고에 취약한 상태로 만드는 행위를 가리킵니다. 또한 각종 알고리즘이나 앱, 그리고 플랫폼에 의해 조종당하는 모든 경우를 지칭하기 위해 '화면의 노예'라는 용어를 만들었습니다. 책에서 다루겠지만, 우리는 자신도 모르는 사이에 종종 화면의 노예가 됩니다. 아이들의 건강한 온라인 생활을 위한 길잡이가 되어 주려면, 우리 스스로를 되돌아 보는 일이 무엇보다 중요합니다. 마지막 장에서는 부모가 어떻게 하면 아이들의 눈높이에 맞춰 온라인 활동과 관련된 대화를 해 나갈 수 있을지 살펴보고, 건강한 온라인 활동을 위한 팁을 공유하겠습니다.

여러분은 앞으로 자녀의 온라인 활동을 더 명확하게 바라볼 수 있게 될 것이며, 자녀가 건강하고 안전한 방식으로 인터넷 세상을 탐험하는 데 도움이 될 만한 대화를 허심탄회하게 나눌 수 있을 것입니다.

객관적으로 볼 수 있는 눈 ....

팝잼이 보내는 관심에 열광하는 딸의 반응을 본 뒤, 저와 아이는 이 앱에서 도대체 무슨 일이 일어나고 있으며, 그것이 아이에게 무엇을 의미하는지 대화를 나누기 시작했습니다. 저는 팝잼의 메시지가 실제 사람에게서 온 것이 아니라, 컴퓨터가 보내는 자동 메시지라는 것을 설명했습니다. 그런 관계에는 진정성이 없을 뿐만 아니라, 그 메시지에는 실제로 아무런 의미도 없다고 말이죠. 하지만 이 설명이 일곱 살인 딸의 귀에 제대로 들릴 리 없었습니다. 딸은 제 말에도 아랑곳하지 않고 자신이 관심을 받았다는 사실에만 한껏 들떠 있었습니다. 저는 아이에게 너를 아끼는 진짜 사람들과의 진짜 소통에 집중하는 것이 좋겠다고 조언했습니다.

우리는 아이가 앱의 어떤 기능을 좋아하는지에 대해서도 이야기를 나눴습니다. 그리고 아이가 스티커나 여러 디자인 효과를 이용한 사진 꾸미기를 가장 좋아한다는 사실을 알게 되었죠. 저의 도움으로 케일리는 온라인 세계를 탐험하며 친구를 사귀고, 함께 놀고, 새로운 것을 창조할 수 있는 애니멀 잼Animal Jam, 마인크래프트Minecraft와 같은 다른 앱을 이용해 보기 시작했습니다. 온라인상에서 맺는 상호작용은 오래도록 기억에 남아 아이들의 실제 생활에도 영향을 미칩니다. 이 책의 목표는 순수하게만 보이는 온라인상에서의 행동을 객관적으로 바라볼 수 있는 눈을 가지게 하고, 그것을 통해 아이들이 인터넷 세계에서 보다 현명한 선택을 하도록 도움을 주는 데 있습니다.

아이들을 위한 애플리케이션 · · · ·

제가 개발한 최초의 플랫폼은 아이들이 아닌 기업을 위한 것이었습니다. 저는 마케팅, 기업 재무, 컨설팅 분야에서 쌓은 경험을 바탕으로 기업 간 비디오 공유 앱을 만들었습니다. 소셜 미디어에서처럼 한 명의 사용자가 다수의 시청자를 대상으로 방송하는 방식이 아닌,

사설망 안에서 영상을 공유할 수 있는 플랫폼을 개발했죠. 보다 협소한 개인의 영역 안에서 서로 간에 비디오 메시지를 주고받을 수 있도록 한 겁니다.

사업 초기, 플랫폼 개발은 순항 중이었고 상품 판매 시장을 물색하던 중이었습니다. 저희는 대화를 할 때 텍스트 대신 비디오 메시지를 이용하는 것이 편리하리라 생각되는 모든 사람들과 각종 기업을 대상으로 플랫폼 테스트에 나섰습니다. 그러던 중 뭔가 흥미로운 사실을 발견하게 되었죠. 한 명의 사용자가 다른 어떤 사용자들보다도 앱을 훨씬 더 많이 사용하고 있다는 사실이었습니다. 그 사용자는 다른 사용자들보다 비디오를 더 많이 공유했고, 다양한 기능을 활용하고 있었죠.

누군지 눈치채셨나요? 바로 일곱 살 난 저의 딸이었습니다. 아이는 앱의 비디오 기능을 정말 좋아했습니다. 처음에 아이는 가족들에게 영상을 보내는 용도로 앱을 사용하다가, 친한 친구들에게 이 앱을 소개했습니다. 그때 우리는 캘거리에서 밴쿠버로 막 이사한 상태였는데, 아이는 새로 사귄 친구들에게도 이 앱을 전파했습니다. 그때부터 갑자기 몇몇 아이들이 이 앱을 통해 서로 비디오를 주고받기 시작했죠.

그러던 어느 날, 저는 새벽 두 시에 머리를 스친 깨달음과 함께 잠에서 깼습니다. 아이와 가족을 위한 플랫폼을 만들어야겠다는 생각이었죠. 더 이상 잠을 이룰 수 없었기에, 침대에서 일어나 전체 사업

계획서를 써 내려 갔습니다. 그때부터 아이들이 쓰는 앱에 대한 이해와, 앱의 특정 기능이 아이들의 발달에 미치는 영향에 대한 탐구도 본격적으로 시작되었습니다. 앱의 조작 기술이 우리에게 어떤 영향을 미치는지 알게 되면서, 저는 제가 얻은 지식을 저의 앱 디자인과 이 책에 쏟아붓게 되었습니다.

제가 개발한 앱의 이름은 킨주Kinzoo입니다. 연대감을 뜻하는 'kinship'과 동물원을 뜻하는 'zoo'의 합성어죠. 우리가 아이들에게 온라인 세계를 소개하는 방식을 동물원이라는 단어에 빗대어 표현한 것입니다. 아이가 야생 동물에 대해 알고 싶어 한다고 해서 우리는 아이들을 야생으로 데려가지 않죠. 대신, 안전한 곳에서 동물을 관찰할 수 있는 동물원으로 데려갑니다. 안전이 보장된 공간에서 아이들은 좀 더 자유롭게 주변을 탐색할 수 있습니다.

이와 마찬가지로, 아이들이 온라인 환경을 탐험하고 그 안에서 성장하는 데 필요한 안전장치를 개발하는 일은 중요합니다. 아이들을 유혹하는 대다수의 앱은 아이들을 위한 환경을 만들어야 할 필요성을 느끼지 못합니다. 따라서 아이들에게 필요한 안전장치는 부모가 제공해야 합니다. 즉, 부모는 건강한 이용 시간을 갖는 것과 화면의 노예가 되는 것의 차이를 스스로 공부해 나가야 한다는 거죠. 아이들은 결국 기술에 기대어 살아가게 될 테고, 이는 우리가 인정해야 할 사실입니다. 그러므로 부모가 자녀를 위한 디지털 멘토가 될 준비를 하는 것이 그 어느 때보다 더 중요합니다.

조던 샤피로Jordan Shapiro는 그의 책 《새로운 유년기: 연결된 세계에서 아이를 잘 키운다는 것The New Childhood: Raising Kids to Thrive in a Connected World》에서 다음과 같이 썼습니다.[2]

> 모든 온라인 게임은 디지털 도구와 함께 살아가는 새로운 방식을 시도해 볼 기회입니다. 좋은 일이죠. 미래는 이미 여기에 있으니까요. 우리는 모두 연결된 세상에 살고 있습니다. 그리고 오늘날의 아이들은 마이크로칩과 광섬유 케이블로 거래하고 통신하는 글로벌 경제에 참여할 준비를 갖추어야 할 것입니다.

조던 샤피로는 게임을 예로 들었지만, 이 이야기는 모든 온라인 접속 상황에 적용됩니다. 부모가 기술을 수용하면 기술을 더욱 깊이 이해하고, 각각의 새로운 기술이 아이들에게 무엇을 가져다줄지 생각해 보는 계기가 될 것입니다. 우리는 우리의 힘으로 깨우치고 배워야 하며, 아이들에게 의미 있고, 친절하고, 체계적인 방식으로 기술을 소개해야 합니다. 대화를 통해 우리의 지식을 아이들과 나눈다면, 아이들은 이 첨단 기술의 세계에서 올바르게 성장할 수 있을 것입니다.

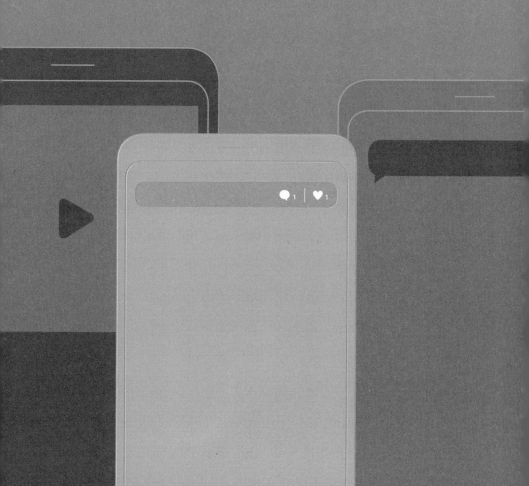

1장

화면 속의
소속감

변치 않는 감정, 진화하는 기술

또래 압력 · · · ·

여러분이 만약 지금처럼 SNS 활동이 일상화된 소셜 미디어의 시대에 자랐다면 유년기는 어떤 모습이었을까요?

저는 초등학교 5학년 때 일어난 어떤 사건을 평생 잊지 못합니다. 쉬는 시간, 저는 운동장에서 놀고 있었습니다. 뚱뚱하고 숫기도 없는데다 순진한 면이 있어서 저는 종종 아이들의 놀림감이 되곤 했어요. 게다가 그 시절에는 각종 알레르기까지 달고 살았는데, 그중에서도 특히 민들레 알레르기가 심했습니다. 그런데 어느 날, 저를 괴롭히던 아이들 한 무리가 운동장에서 놀고 있는 저에게 다가왔습니다. 그들은 아무런 예고도 없이 저에게 달려들었고, 운동장 바닥에 쓰러진 저를 압박해 옴짝달싹 못 하게 했죠.

제가 빠져나가려고 몸부림을 치자 한 아이가 풀밭에서 민들레를 한 움큼 뽑아왔습니다. 그러더니 제 얼굴에다 민들레를 마구 짓이기고 목과 팔에도 비벼대는 것이었습니다. 알레르기 반응은 꽤나 심각한 편이어서, 피부에는 금세 시뻘건 두드러기가 올라왔죠. 저는 조퇴를 하고 집에 돌아갈 수밖에 없었고, 다음 날 학교에 가는 것이 몹시 두려웠습니다.

제 마음속에는 그때의 경험이 깊이 각인되었지만, 저를 괴롭혔던 아이들도 그때의 일을 기억할지는 모르겠습니다. 하지만 오늘날 그때와 똑같은 일이 일어난다면, 분명히 한 명쯤은 동영상을 촬영하는 아이가 있을 것입니다. 그 끔찍한 경험은 기록되고, 어딘가에 게시되어 학교 전체에 퍼질 것이며, 말뿐만 아니라 모든 사람이 볼 수 있는 영상물로 영원히 남을 겁니다. 그곳에 없었던 사람들조차 저의 괴로움을, 저의 몸부림을 모두 지켜볼 수 있게 되겠죠. 소셜 미디어를 통해 우리 사회는 언제 어디서나 더욱 즉각적이고 영구적인 방식으로 상호 작용을 할 수 있게 변했습니다. 그러나 인간이 어떠한 행동을 하는 이유는 언제나 같습니다. 인간은 사회적 확인에 근거해 움직이는 동물이기 때문입니다.

초등학교 시절, 저는 제이슨이라는 친구를 만났습니다. 동정심 때문이었는지는 몰라도, 그는 소위 '잘나가는' 아이들 중 유일하게 저에게 잘해 주었습니다. 저는 제이슨을 따라 그와 같은 고등학교에 진학했고, 그 학교에는 저를 괴롭히던 아이들도 없었기 때문에 제 상황도 점차 나아지기 시작했죠. 입학 직후 제이슨은 건장한 체격의 아이들이 가입하는 인기 동아리에 들어갔고, 저를 그곳으로 데려갔습니다. 키가 크고 살이 빠지면서 저는 학교에서 점차 두각을 드러냈고, 운동신경이 좋았던 덕에 축구와 하키 팀에 들어갔습니다. 제가 바니를 만난 것도 운동을 통해서였죠. 바니는 카리스마 넘치는 멋진 친구였고, 운동 좀 한다는 친구들 사이에서도 단연 눈에 띄었습니다.

친구들과 어울리며 저는 어느새 주류 집단의 일원이 되었습니다. 생애 처음으로 '소속감'을 느꼈고, 그 감정은 저를 퍽 행복하게 했습니다. 친구의 파티에 초대받았던 날, 바니가 저를 가리키며 제이슨에게 "이 녀석 꽤 멋진 놈이야"라고 했던 말이 아직도 기억납니다. 초등학교 때는 좀처럼 파티에 초대받아 본 적이 없었는데 말이죠. 당시에는 미처 알지 못했지만, 지금은 압니다. 그때 제 머릿속엔 도파민이 가득 차다 못해 흘러넘치고 있었다는 것을요.

저는 나중에야 비로소 집단의 일원이 되면 그들처럼 움직여야 하는 또래 압력peer pressure이 생긴다는 것을 알게 되었습니다. 집단에 속하고자 하는 욕구가 멍청한 짓을 부른 적도 있습니다. 고등학교 때, 저는 열 명이 넘는 축구부 팀원들과 복도에서 어울려 놀고 있었습니다. 그러던 우리는 복도 양쪽에 줄지어 서서 신입생들이 지나가기만을 기다렸죠. 무슨 일이 있어도 친구를 잃고 싶지 않았던 저는 아무런 말도 하지 않았습니다. 마침내 아무것도 모르는 신입생들이 다가오자, 우리는 그들을 복도 중간에 가두고 마치 공을 주고받듯 앞뒤로 밀쳐 댔습니다.

그 상황을 멈추기 위해 제가 한 일은 아무것도 없었습니다. 괴롭힘을 당해 봤고, 그것이 어떤 기분인지 알면서도 그 행동에 가담했다는 사실은 더욱 지탄받아 마땅합니다. 저는 약자의 입장이 어떤 것인지 압니다. 그래서 제게 힘을 주었던 제이슨처럼, 저 또한 용기 있는 사람이 되지 못했다는 사실이 더 큰 아쉬움으로 남습니다. 그때의 기억은 언제나 저를 불편하게 합니다. 특히 아버지가 된 지금, 친구들의 행동을 막지 못했다는 사실은 저를 더욱 괴롭게 하죠. 도대체 저는 왜 그런 행동을 했을까요? 무엇보다도 친구들과 멀어지는 것이 두려웠기 때문입니다.

함께하고 싶은 욕구 ····

에이브러햄 매슬로Abraham Maslow에 따르면 인간은 무리를 지어 살아가고, 그 무리 안에서 자신의 위치를 가늠해 보는 존재입니다. 대부분의 학생이 학교에서 에이브러햄 매슬로의 욕구 단계설을 배웁니다. 인간의 동기에 대해 연구한 매슬로는 1943년 《인간 동기의 이론A Theory of Human Motivation》이라는 저명한 논문을 발표합니다.

그는 이 논문에서 다섯 단계로 구성된 기본적인 욕구를 통해 인간은 개인의 성장과 변화를 이루기 위한 동기를 가진다고 주장하죠.

1. 공기, 음식, 주거지를 필요로 하는 생물학적·생리적 욕구

2. 보호, 안정, 법률을 필요로 하는 안전의 욕구

3. 애정과 소속의 욕구

4. 타인에게 인정과 존경을 받고자 하는 존중의 욕구

5. 자아실현의 욕구, 또는 자신의 역량을 최대로 발휘하고자 하는 욕구

매슬로는 인간의 기본적인 욕구가 위계적으로 조직되어 있다고 말합니다. 음식과 주거지가 제공되고 안전과 안정이 보장되면 인간의 동기는 소속감을 얻으려는 방향으로 움직인다는 것입니다. 이에 대해 매슬로는 다음과 같이 설명합니다.

> 빵이 없을 때는 빵만으로도 사는 것이 인간이다. 하지만 충분한 빵이 있고 늘 배가 부르다면 인간의 욕구에는 어떤 변화가 생길까? 생리적 배고픔 이상의 상위 욕구가 나타나면 그 욕구가 인간을 지배한다. 그리고 그 욕구가 차례로 충족이 되면 다시 새로운 상위 욕구가 발생하고 이것이 계속 반복된다. 이처럼 인간의 기본적인 욕구는 상대적 우세성에 따라 위계적으로 조직되어 있다.[1]

그의 시각에서 보면 우리가 왜 집단에 소속되었을 때 크나큰 편안

함을 느끼는지 고개가 끄덕여집니다. 이와 반대로 우리는 소외될 때 고통을 느낍니다. 초등학교 시절, 저는 친구들과 어울리고 싶었지만 뜻대로 되지 않았습니다. 생일 파티나 또래 친구의 행사에 초대받은 적은 손에 꼽을 정도였죠. 어린 시절 겪은 사회적 배제의 경험은 저에게 잔인한 고통으로 남았습니다.

제가 자란 서스캐처원은 유치원부터 8학년까지가 초등학교, 9학년부터 12학년까지가 고등학교로 정해져 있습니다. 그래서 저는 고등학교에 진학하고 나서야 비로소 새로운 학교 생활을 시작할 수 있었습니다. 제이슨을 통해 멋진 친구들을 사귀었고 무리에 낄 수 있었던 거죠. 그렇게 소속감에 매료된 저는 복도에서 신입생을 괴롭히는 일에도 기꺼이 동참하게 되었습니다.

친구들과 어울리기 위해 우리는 극단적인 행동을 하기도 합니다. 1995년 로이 바우마이스터Roy F. Baumeister와 마크 리어리Mark R. Leary가 사회적 소속감에 관해 연구한 바에 따르면, 일부 집단의 구성원들은 집단에서 인정받기 위해, 그리고 집단에 헌신하는 모습을 보여 주기 위해 공공 기물 파손 행위에서 살인에 이르는 각종 폭력 행위를 저질러야 한다는 압박을 받는다고 합니다.[2] 친구들에게 멋진 모습을 인정받고 싶었던 저의 행동은 인간의 본성에 가까웠습니다.

바우마이스터와 리어리는 《소속 욕구The Need to Belong》라는 연구에서 이 현상에 대해 자세히 기술했습니다. 이들은 프로이트와 매슬로를 비롯해 수많은 연구자의 연구를 분석한 뒤, 소속감이라는 개념이 종종 논의되긴 했지만 결정적인 경험적 증거가 부족하다고 주장했습니다. 그리하여 '인간은 적어도 지속적으로 확실하고 의미 있는 대인 관계를 형성, 유지하려는 보편적 욕구를 가진다'라는 가설을 세워 시험하기 시작했죠.

이들의 연구는 집단에 속하고자 하는 소속 욕구가 우리의 조상이 살아남고 번식하는 데 도움을 주었을 것이라는 '진화적 토대'를 바탕으로 합니다. 즉, 소속 욕구의 원인은 진화적 토대에 있다는 것이죠. 또한 이들은 소속이 인간의 기본적인 욕구라면, 소속감 상실에 대한 반응은 부정적인 정서를 넘어 병리학적 증상까지 포함해야 한다고 주장합니다.

더불어 소속 욕구가 감정에 미치는 근본적인 영향에 대해서도 설명합니다. 이들은 연구를 통해 사람들이 경험하는 가장 강력한 감정 중 대부분은 긍정적이든 부정적이든 소속감과 연관이 있다는 것을 알렸습니다. 인정, 포함, 환영의 경험은 다양한 긍정적인 감정을 끌어내는 반면 거절, 배제, 무시의 경험은 불안이나 우울, 질투처럼 강력한 부정적 감정으로 이어진다는 것을 밝혀냈죠.

이보다 앞서 시행되었던 바우마이스터와 다이앤 타이스Dianne M. Tice의 연구는 사회적 배제가 불안을 일으키는 가장 중대한 원인이 될 수도 있다고 말합니다.[3] 연구자들은 소속의 중요성에 대해 계속해서 연구했고, 2003년 시행한 두뇌 스캔 연구에서 인간이 사회적으로 고립되었을 때 뇌에서 활성화되는 영역이 신체적 고통을 느낄 때 활성화되는 영역과 같다는 사실을 밝혀냈습니다.[4] 거절당한 기억이 왜 그리 가슴 깊이 사무치는지 이해가 되는 결과죠.

생일 케이크 사건　　　　·　·　·　·

이와 관련된 저의 개인적인 이야기를 들려 드릴까 합니다. 민들레 사건과 마찬가지로, 생일 케이크 사건도 저에게 영원히 잊지 못할 기억으로 남았습니다. 6학년 때의 일이었죠. 생일 파티에 초대받은 저는 정말 신이 났습니다. 그곳에 모인 아이들은 모두 즐거운 시간을 보내고 있었죠. 앞서 말씀드렸듯이 저는 초등학교 시절에 꽤나 뚱뚱한 편이었습니다. 생일 파티에서도 오매불망 케이크가 나오길 기다리고 있었죠. 드디어 케이크가 나왔고, 저는 정말 맛있게 먹었습니다. 한 접시로는 모자랄 만큼 훌륭한 케이크였어요. 하지만 그때는 그 케이크가 저의 발목을 잡을 줄은 상상도 하지 못했습니다.

며칠 후 수학 시간이었습니다. 우리는 스스로 수학 문제를 만들어 발표하는 시간을 가졌습니다. 그때 한 아이가 '웃기기로' 결심을 한 건지, 다음과 같은 문제를 만들어 발표했습니다. "제가 케이크 열 조각을 가지고 있었는데, 션이 와서 그중 절반을 먹어 치웠습니다. 남은 케이크는 몇 조각일까요?" 이 말은 제게 큰 상처가 되었지만, 저는 반 아이들을 따라 웃을 수밖에 없었습니다. 눈물이 쏟아지려는 걸 간신히 참으면서요.

이후 같은 수업에서, 나눗셈을 가르치던 선생님은 돼지가 등장하는 문제를 냈습니다. "돼지가 스물네 마리 있습니다. 이들을 네 개의 그룹으로 나누려면 한 그룹에 각각 몇 마리의 돼지가 들어갈까요?" 이때, 잘난 체하며 케이크 문제를 냈던 그 아이가 불쑥 "스물네 명의 션 말씀이시죠?"하고 물었습니다. 반 아이들 전체가 배꼽을 잡고 웃었죠. 이번에도 저는 아이들과 함께 웃어 보이려 애썼지만, 결국 눈물이 흘렀습니다.

왜 이런 기억은 희미해지지 않는 걸까요? 바우마이스터와 리어리는 거절당했을 때의 부정적인 감정이 소속되었을 때의 긍정적인 감정보다 훨씬 더 강도가 세기 때문이라고 말합니다. 《소속 욕구》에서 이들은 소속의 욕구는 기본적인 인간의 동기로 여겨질 수 있으며, 대인적 애착의 욕구는 인간의 본성을 이해할 수 있는 가장 강력하면서도 포괄적인 감정이라고 말합니다.

스마트폰 시대의 소속감   ····

물론, 사회적으로 확인받고 싶어 하는 욕구는 새로운 현상이 아닙니다. 스마트폰이 등장하기 훨씬 전부터 인간이 갈망해 오던 것이죠. 스포츠나 사회 활동 등 다양한 방식을 통해 우리는 사회적 확인을 경험해 왔습니다. 하지만 기술 발달은 인간의 상호 작용에 즉각적인 피드백과 편리함을 끼워 넣어, 우리가 소속감을 느끼는 방식을 완전히 바꾸어 놓았습니다.

페이스북, 인스타그램, 스냅챗을 비롯한 소셜 미디어는 새로운 방식을 통해 사회적 확인을 가능하게 합니다. 과거에 우리는 직접적인 대인 관계를 통해 우리의 사회적 지위를 판단하곤 했습니다. 하지만 오늘날 우리는 터치 한 번으로 누군가를 향해 '좋아요'를 표현합니다. '좋아요'와 친구의 수가 우리의 사회적 소속감을 측정하는 점수판이 된 것이죠. 이러한 상황에서 자라는 아이들에게 '좋아요'와 친구의 수는 더 큰 의미를 가질 겁니다. 우리가 느끼는 소속감은 주로 주관적인 느낌에 가까웠지만, 이제 우리는 소셜 미디어에 누적된 객관적인 허영 지표를 통해 소속감을 확인하고 있죠.

오늘날, 더 많은 아이가 운동이나 그룹 활동보다는 소셜 미디어를 통해 소속감에 관한 목마름을 해결하고 있습니다. 2018년 10월 16일, 워싱턴 포스트에 실린 아스펜 연구소의 연구는 정기적으로 팀 스포츠에 참여하는 6~12세 아동의 비율이 2011년 41.5%에서 2017년 37%로 하락했음을 보여 줍니다.[5] 이 하락세의 원인에 대해서는 하루 종일 이야기해도 부족할 겁니다. 스포츠는 비용 부담이 크다거나, 스마트폰과 같은 전자 기기가 스포츠를 대체하고 있다는 사실이 주요 원인이 될 수 있죠. 하지만 팀 스포츠와 그룹 활동 참여도가 낮아진다는 것은 더 많은 아이가 소속 욕구를 다른 곳에서 채워야 한다는 것을 의미합니다. 이것이 바로 많은 아이들이 소셜 미디어에 눈을 돌리는 이유죠.

소셜 미디어를 사용하는 아동의 수를 측정하는 일은 쉽지 않습니다. 소셜 미디어 사용자 통계가 13세 이상을 대상으로 하기 때문입니다. 이미 예상하셨겠지만, 많은 어린이가 만 13세가 되기 전에 소셜 미디어를 이용합니다. (이들 중 일부는 훨씬 더 어린 나이에 소셜 미디어를 시작하죠.) 13세 미만 아이들을 대상으로 한 통계는 찾아보기 어렵기 때문에, 이 책에서 말하는 아이들은 주로 10대 청소년을 지칭합니다. 그러나 우리는 점점 더 어린 사용자들이 청소년 사용자들과 똑같은 환경에 노출된다는 사실을 이미 알고 있습니다.

소속감을 측정하는 새로운 지표 ....

과거에는 집단 내에서 자신의 위치를 파악하기가 꽤 쉬웠습니다. 친구에게 전화가 오고, 친구가 저를 파티나 집으로 초대하면 기쁨으로 벅차올랐던 기억이 납니다. 함께 모인 친구들과 비디오 게임을 하고 동네를 어슬렁거리기도 했죠. 평일 오후, 전화기 옆에 앉아 누군가에게 연락이 오기만을 기다리던 때도 있었습니다. 그런 상황들이 집단에 소속되었다는 느낌을 주었기 때문입니다. 반면 집단에서 배제되는 것은 두려운 일이었죠.

만약 그 시절, 소셜 미디어가 있었다면 집단에서 스스로의 위치를 파악하기 위해 어떤 것을 확인했을까요? 아마 제이슨이나 바니의 SNS 계정을 훑어보며 그들의 게시물에 달린 '좋아요' 수가 제 게시물에 달린 '좋아요' 수보다 많다는 사실을 확인했을지도 모릅니다. 제가 속한 집단에는 저와 사회적 지위가 비슷하다고 느껴지는 친구도 있겠죠. 그러면 그 집단에서 정확한 저의 위치를 알기 위해 친구가 받은 '좋아요' 수와 제 것을 비교해 보았을까요? 네, 아마도 그랬으리라 확신합니다.

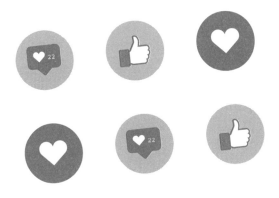

이제 아이들은 소셜 미디어에 접속하기만 하면 자신이 소속되었는지 배제되었는지 간단히 알 수 있습니다. 기술이 만들어 낸 오늘날의 세상이죠. 예를 들어, 제이슨이 파티에 저를 초대했다면 저는 그곳에서 찍은 사진을 볼 수도 있고 포스팅을 할 수도 있습니다. 즐거운 일이죠. 하지만 제이슨에게 초대받지 못한 아이들 중 저와 '팔로우'한 아이들이 있다면 그들의 기분은 어떨까요? 저의 피드를 통해 그 친구들은 제가 제이슨의 파티에 초대되었고, 그들은 초대받지 못했다는 사실을 알게 될 겁니다. 그리고 '함께'가 아닐 때, 우리는 '가치 없는' 사람이 되었다고 느끼죠. 이 감정은 소속 욕구 때문입니다.

이러한 방식으로 자신의 소속감을 확인하는 것은 소셜 미디어를 사용하는 수십억 명의 사용자들 사이에서 더욱 복잡한 양상을 띱니다. 2018년 1월 발표된 한 연구는 인스타그램에서만 13~17세의 사용자 수가 6100만 명, 18~24세의 사용자 수가 2억 4600만 명에 달한다고 밝혔습니다. 매일 9500만 장의 사진과 영상을 보고, 공유하고, '좋아요'를 누르는 일간 활성 사용자DAU 수는 무려 5억 명에 달하죠.[6] 우리는 엄청난 양의 데이터를 통해 친구들이 무엇을 좋아하고, 누구와 시간을 보냈으며, 나는 그 집단에 소속되었는지 아닌지를 확인할 수 있는 것입니다.

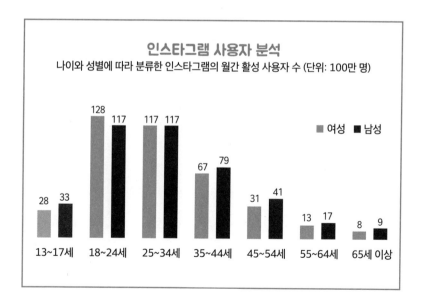

인스타그램 사용자 분석

나이와 성별에 따라 분류한 인스타그램의 월간 활성 사용자 수 (단위: 100만 명)

■ 여성 ■ 남성

| 13~17세 | 18~24세 | 25~34세 | 35~44세 | 45~54세 | 55~64세 | 65세 이상 |

오늘날 수많은 어린이와 청소년, 그리고 20~30대의 성인이 그들의 모든 일상을 소셜 미디어에 낱낱이 공개하고 있습니다. 소셜 미디어를 통한 즉각적인 기록은 그 순간에는 기분이 좋겠지만, 결국 상호작용의 탄력을 떨어뜨립니다. 아이들은 배제되는 것에 상당히 민감합니다. 무리에 끼지 못할 때 발생하는 부정적인 영향은 놀라울 정도로 강력하죠. 앞서 언급했듯이, 거절당하거나 배제되었을 때 받는 상처는 집단에 소속되었을 때 느끼는 긍정적인 감정보다 훨씬 더 강력합니다. 인기 있는 친구의 파티에 초대받는 일은 정말 기분이 좋죠. 하지만 초대받지 못하면, 엄청난 충격을 받게 되는 겁니다.

우리는 이것을 손실 회피 편향loss aversion bias이라 부릅니다. 같은 조건이라면 얻은 것의 가치보다 잃어버린 것의 가치를 더 크게 평가하는 경향을 말하죠. 예를 들어, 누군가가 도박이나 주식으로 100달러를 잃었다면 그때의 상실감은 100달러를 얻었을 때의 행복감보다

크다는 겁니다. 이 개념을 소셜 미디어에 적용해 봅시다. 하나의 게시물에 하루 동안 수십 개 또는 수백 개의 '좋아요'가 달렸다고 칩시다. 하지만, 다음 날 새로 올린 게시물에는 '좋아요'가 충분히 달리지 않았다면 사용자의 기분은 어떨까요?

소셜 미디어에 익숙한 아이들이라면 대부분 FOMO Fear Of Missing Out라는 말을 압니다. FOBLO Fear Of Being Left Out와 마찬가지로 '흐름을 놓치거나 소외되는 것에 대한 불안 증상'을 뜻하는 말이죠. 이 감정은 꽤나 강력해서, 우리는 소외되지 않기 위해 무엇이든 하려고 합니다.

안타깝게도, 소외감과 같은 사회적 불안을 호소하는 아이들이 상당히 많은 것으로 보고되고 있습니다. 저는 최근 리사라는 한 어린 소녀의 이야기를 들었습니다. 리사는 인스타그램 게시물을 통해 자신의 친구가 깜짝 파티를 열었다는 사실을 알게 되었죠. 파티에 참석한 인원은 스무 명이었고, 관련 게시물만 해도 수백 장이 넘었습니다.

리사는 초대받지 못했습니다. 나중에 리사는 그것이 친구 부모님의 실수 때문이었다는 것을 알게 되었지만, 이미 깊은 상처를 받은 후였습니다. 리사는 자신이 소외당했다는 사실 때문에 아주 오랜 시간 절망의 나락에서 고통받았다고 털어놓았습니다. 리사가 겪은 일은 실수로 일어난 일이었지만, 의도적으로 소셜 미디어를 악용하는 경우도 있습니다.

인기 있는 친구들의 파티에 다녀온 한 소녀의 이야기입니다. 그 소녀는 파티에서 찍은 사진을 게시하며 파티에 없었던 누군가를 태그했습니다. 바로 자신이 싫어하는 친구들이었죠. 그 친구들이 자신의 무리에 속하지 않는다는 것을 똑똑히 보여 주려고 일부러 태그를 한 것이었습니다. 소녀는 '파티는 정말 끝내줬어. 초대를 못 받았다니 안타깝네'라는 댓글까지 남겼죠.

이것은 즉각적인 만족이 수반하는 부작용입니다. 끔찍한 사실은 우리가 누군가를 포함하고 배제하는 방식이 디지털 시대에는 영구적인 기록물로 남는다는 것입니다. 만약 직접적인 대면 상호 작용을 했다면, 소녀들이 상황을 해결하는 데 도움이 되었을지도 모릅니다. 하지만 소셜 네트워크 게시물에서는 아무런 악의가 없는 댓글이라 하더라도 우리의 소속감에 큰 영향을 미칠 수 있습니다. 이러한 종류의 상호 작용은 사회적 집단과 학교에서 빠르게 확산될 뿐만 아니라, 어린 세대의 온라인 활동을 부추기는 원인이 됩니다. 소셜 네트워크를 통한 상호 작용은 영원히 기록으로 남아 사라지지 않는 가상의 먹구름이 되는 것이죠.

우리들의 일그러진 아바타   ....

소속감은 온라인상에서 우리가 스스로를 표현하는 방식에도 영향을 미칩니다. 조던 샤피로는 온라인상에서 만들어지는 우리들의 '아바타'에 대해 면밀히 관찰했습니다. 소셜 미디어를 통해 타인과 상호 작용하면서 우리는 우리의 온라인 페르소나인 아바타를 만들어 내죠. 샤피로는 우리가 만들고, 틀을 규정하고 그것을 반복한다는 점에서 아바타는 살아 움직이는 유기체와 같다고 지적합니다.[7]

실시간으로 피드백을 주는 댓글과 '좋아요' 등의 지표를 통해 우리는 사회적 확인을 받습니다. 우리의 온라인 아바타는 소속 욕구를 통해 몸집을 불리죠. 즉, 타인의 피드백을 통해 온라인 속 자아의 모습이 다듬어지는 겁니다. 시간이 흐르면서 우리의 자아는 타인의 긍정적인 반응을 이끌어 낼 수 있는 방향으로 다듬어지면서 이상적인 모습을 갖추게 됩니다. 하지만 이것이 진짜 우리들의 모습일까요?

우리에게는 여러 가지 모습이 있습니다. 회사, 학교, 집에서 우리는 각각 다른 모습을 가지고 있죠. 저도 마찬가지입니다. 하지만 소셜 미디어를 통해 우리는 더욱더 세심하게 자아를 선택하는 능력을 갖게 되었습니다. 타인의 반응이라는 인위적인 측정 기준에 따라 자아를 고르는 것이죠. 결국 우리는 우리의 진짜 모습이 아닌, 인기에 따라 만들어진 페르소나를 선택하게 됩니다.

SNS는 책임지지 않는다 ‥‥

제가 겪었던 소속과 소외의 경험은 꽤나 강렬한 기억으로 남아 있습니다. 만약 과거의 제 경험이 지금 일어난 일이라면 어떻게 될까요? 각각의 사건은 SNS를 통해 기록, 게시, 공유되어 학교가 끝날 때쯤이면 전교생이 아는 사건이 될 겁니다. 그리고 그 게시물은 몇 년이 지난 뒤에도 사건이 일어났던 그 순간으로 저를 데려가 생생한 아픔을 전해 주겠죠. 영원히 기록으로 남는다는 것, 그것이 오늘날 아이들을 움직이는 원동력이 되었습니다.

소셜 미디어를 이용하는 젊은 층 인구는 급속도로 증가하고 있습니다. 부모는 자녀가 소셜 미디어를 책임감 있게 사용하는 방법을 배울 수 있도록 적극적으로 도와야 합니다. 자녀가 온라인에서의 행동에 따른 결과를 이해하도록 도와주어야 하죠. 아이들의 상호 작용은 타인에게 영향을 미치고, 소셜 미디어는 아이들의 정신 건강과 소속감에 영향을 미치기 때문입니다. 홀로 온라인 세계를 탐험하면, 아이들은 올바른 디지털 시민이 되는 법을 배울 수 없습니다. 안타깝게도 대부분의 플랫폼은 아이들에게 이러한 것들을 가르쳐 주지 않기 때문입니다. 소셜 미디어 플랫폼은 오히려 그릇된 것에 가치를 두도록 만들어졌으며, 무엇보다도 사용자를 화면의 노예로 만들기 위해 설계되었습니다. 따라서 아이들에게 현명한 이용 방법을 교육하는 일은 부모인 우리에게 달려 있습니다.

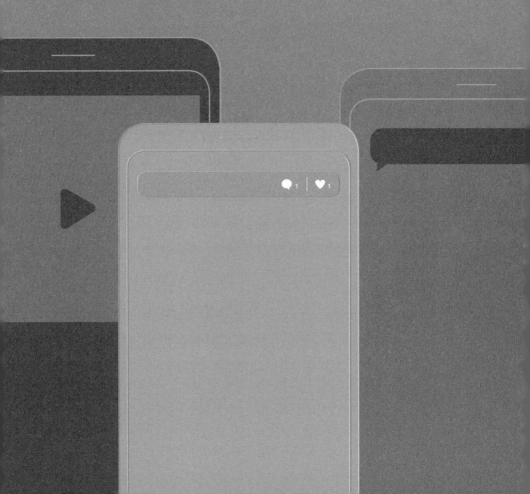

2장

소셜 미디어를
하는 동안
뇌에서는…

참을 수 없는 유혹

기술에 중독되는 사람들 · · · ·

"우리 딸, 오늘 즐거운 하루 보냈어?"

방에 있는 딸에게 물었습니다. 몇 발짝 떨어지지 않은 곳이었죠. 아이는 자신이 가장 좋아하는 의자에 앉아 태블릿 PC를 들여다보고 있었습니다. 아무런 대답이 없는 아이에게 다시 한번 물었습니다.

"뭐해? 아빠한테 얘기해 줄래?"

여전히 아무런 대답이 없었고, 가까이 다가가자 익숙한 장면이 눈앞에 펼쳐졌습니다. 아이는 멍한 눈으로 화면을 들여다보고 있었죠. 유튜브 영상에 빠져 제 말을 듣지 못한 겁니다. 아이는 제가 집에 왔다는 사실조차 모르는 것 같았습니다. 다른 부모들과 마찬가지로, 저는 걱정이 되기 시작했습니다. 인터넷 중독일까? 주의력 결핍일까? 이래도 괜찮은 걸까? 아이의 머릿속에서 지금 무슨 일이 일어나고 있는 걸까? 꼬리를 무는 질문들이 머리를 스쳐 갔죠.

그 후 저는 기술이 우리 뇌에 미치는 영향, 더 구체적으로 말해 소셜 미디어가 신경전달물질 분비에 미치는 영향을 파헤치기 시작했습니다. 조사를 통해 알아낸 정보들은 마침 온 가족을 위한 메신저를 개발하던 저에게 큰 도움이 되었습니다. 덕분에 계획에 없던 새로운 기능을 메신저 플랫폼에 추가하기도 했죠. 이는 케일리와 어떤 대화를 나눠야 할지 생각하는 계기가 되기도 했습니다.

제가 조사하면서 가장 큰 도움을 받은 책은 애덤 알터Adam Alter의 《멈추지 못하는 사람들: 무엇이 당신을 끊임없이 확인하고 검색하게 만드는가》라는 책이었습니다.[1] 이 책에서 알터는 기술의 발달이 낳은 행위 중독에 관해 이야기했습니다. 뇌에서 도파민이 과도하게 분비되면 그에 상응하는 보상 체계가 촉발된다고 밝혔죠. 저자는 개인적인 경험을 바탕으로, 도파민 분비와 보상 체계가 작동하는 과정이 사람들에게 실제로 미치는 영향에 대해 말합니다. 책의 내용 중, '월드 오브 워크래프트'라는 게임에 중독되어 재활 센터에서 치료를 받는 사람들의 이야기는 꽤나 충격적이었습니다.

미국 정신과 협회에서 출간하여 공신력 있는 질병 진단 기준으로 활용되고 있는 《정신 장애 진단 및 통계 편람》에서는 '기술 중독'을 질병으로 분류하지 않습니다. 그러나 기술 사용의 맥락에서 '중독'이라는 표현을 사용하는 것에 대해서는 바람직한 토론이 이어지고 있습니다.[2] 이 책에서 제가 말하는 일부 중독은 기술 중독을 의미하기도 합니다. 저는 이 단어를 종종 사용하지만, 논쟁을 불러일으키려는 의도는 없습니다. 이 책에서 저는 '집착', '심취'와 같은 말을 '중독'과 같은 의미로 사용하고 있죠. 단어의 쓰임에 대해 논쟁하는 것보다 큰 그림을 바라보는 것이 훨씬 더 중요하다고 생각합니다.

도파민은 뇌에 쾌감과 보상 신호를 보내는 신경전달물질입니다. 인간의 행동에 관여하는 강력한 원동력이죠. 일반적으로 도파민은 사람을 기쁘게 하는 뇌 화학 물질입니다. 하지만 이것이 중독 행위의 연료로 작용할 때는 상당히 위험합니다. 만일, 우리의 뇌 속에서 일어나는 이 화학 반응이 오히려 우리를 이용하거나 우리의 행동을 자극하는 용도로 쓰이면 어떻게 될까요? 안타깝게도 우리는 라스베이거스와 실리콘밸리에서 도파민이 실제로 어떻게 이용되고 있는지 찾아볼 수 있습니다.

잭팟!

카지노에서 우리가 그나마 자제력을 발휘할 수 있는 게임은 블랙잭과 포커입니다. 분석적인 접근을 좋아하는 CFA 자격증 보유자로서, 저도 가끔은 재미로 이런 게임들을 즐기곤 합니다. 하지만 카지노에서 돈을 딸 확률은 제로에 가깝죠. 결국에는 카지노가 승리하도록 설계되어 있기 때문입니다. 특히 슬롯머신에서는 돈을 따기가 더더욱 어렵습니다.

저는 슬롯머신의 매력이 무엇인지 도통 이해하기 어려웠습니다. 기계가 돈을 따도록 설계된 칩이 내장된 것에 불과하다고 생각했기 때문이죠. 나중에 알게 된 사실이지만, 그 칩이 만들어진 데에는 단순히 돈을 따는 것보다 훨씬 더 대단한 이유가 있었습니다. 바로 도파민의 보상 회로에 대해 이미 알고 있던 게임 업계가 그것을 이용해 '기대감'을 갖게 함으로써 사람들을 유혹한 겁니다.

사람들은 대부분 도박으로 돈을 딴다는 게 논리적으로 말이 안 되는 일이라고 생각합니다. 항상 카지노가 이기게 되어 있기 때문이죠. 도박꾼들은 이기는 경우보다 지는 경우가 훨씬 더 많습니다. 그러나 연구자들은 우리가 도박에 중독되는 이유는 승리로 인한 도취감이 아니라, 보상에 대한 기대감 때문이라고 말합니다.

도파민의 진실 ....

도파민이란 정확히 무엇일까요? 도파민은 우리 몸에 있는 20가지 주요 신경전달물질 중 하나로, 1957년에 처음 발견되었습니다. 신경전달물질은 우리 몸의 시스템을 원활하게 작동시키는 화학 물질이죠. 심장 박동과 호흡을 조절하고 행동의 신호를 보내는 것도 이들의 역할입니다. 특히 도파민은 우리의 움직임을 조절합니다. 예를 들어, 목이 마르면 물컵을 향해 손을 뻗도록 하는 겁니다. 도파민은 인간의 동기에 관여하는 핵심 요소인 셈이죠.[3]

케임브리지 대학의 신경 과학 교수인 볼프람 슐츠Wolfram Schultz는 1980년 쥐를 대상으로 한 실험에서 도파민이 행동에 따른 보상과 관련이 있다는 것을 밝혀냈습니다. 특히 보상이 기대되는 경우, 도파민은 더욱 솟구쳤죠. 슐츠 교수와 연구진은 스크린 뒤에 사과 몇 조각을 두었고, 쥐가 사과를 입에 물자 그 즉시 다량의 도파민이 분비되는 것을 확인했습니다.

슐츠 교수는 도파민이 모든 포유류에서 공통으로 분비되며, 학습의 동기가 된다는 사실도 밝혀냈습니다. 사과를 얻을 것이라고 기대하던 쥐가 실제로 사과를 얻으면 다음 보상에 대한 기대감으로 도파민이 솟구칩니다. 그러면 쥐는 보상(사과)을 위한 행동을 반복할 동기를 가지게 됩니다. 그 행동은 습관이 되고, 심지어 중독되기도 하죠. 만약 음식을 기대하던 쥐가 음식이 아닌 전혀 다른 것을 얻게 되었다면, 쥐는 무엇이 자신에게 즐거움을 주고 무엇이 즐거움을 주지 않는지 빠르게 학습했을 겁니다.

저는 슐츠의 연구로 도파민 분비의 인과 관계에 대해 이해할 수 있었지만, 도파민에 대한 모든 궁금증을 해결하지는 못했습니다. 더 자세히 알고 싶었죠. 우리는 어떻게 도파민에 '중독'되는 걸까요? 저는 로버트 새폴스키Robert Sapolsky의 연구에서 그 해답을 찾았습니다. 스탠퍼드 대학의 신경학 및 신경외과학 교수인 로버트 새폴스키는 강연을 통해 도파민 분비에 관한 흥미로운 사실을 소개했습니다. 그는 우리에게 어떤 과제가 주어지면 뇌로부터 신호를 받고, 작업을 수행하고, 보상을 받는 순서로 일이 처리된다고 말합니다. 도파민이 흔히 '보상' 화학 물질로 알려져 있어서 우리는 보상을 받은 후 도파민 수치가 올라가리라 생각하기 쉽죠. 하지만 실제로는 조금 다릅니다. 도파민 분비는 보상을 얻은 이후가 아닌, 보상 신호를 감지하는 순간 증가하게 됩니다. 보상을 얻은 후에는 오히려 도파민 분비가 줄어들죠. 도파민은 보상을 찾도록 우리에게 동기를 부여하는 화학 물질인 셈입니다.

또한 새폴스키 교수는 도파민 분비가 쾌락이 아닌 쾌락에 대한 기대감에서 기인한다고 말합니다.[4] 도파민은 행복 그 자체를 느끼는 물질이라기보다, 행복을 추구하도록 하는 화학 물질이라는 것이 그의 설명이죠. 새폴스키 교수는 보상 방식에 변화를 주어 그것이 도파민에 미치는 영향을 살펴보았습니다. 원숭이들이 먹이를 얻기 위해 레버를 당길 때 도파민 수치에 어떤 변화가 있는지 관찰하는 연구를 진행한 겁니다. 처음에는 원숭이들이 레버를 당길 때마다 음식이 나오도록 실험을 설계했습니다. 레버를 10번 당기면 음식도 10번 나오는 식이었죠. 그런 다음, 원숭이가 레버를 당겨도 50%의 확률로만 음식을 얻을 수 있도록 보상 방식에 변화를 주었습니다.

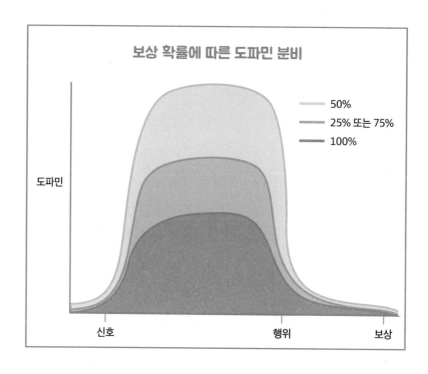

보상 확률에 따른 도파민 분비

도파민

50%
25% 또는 75%
100%

신호　　　　　　　행위　　　　　보상

　과연 원숭이들의 도파민 수치에는 어떤 변화가 있었을까요? 놀랍게도 도파민 수치는 큰 폭으로 상승했습니다. 도파민 수치가 보상 확률의 변화에 따라 달라진다는 것을 확인한 것이죠. 원숭이들의 도파민 수치는 100%의 확률로 먹이를 얻었을 때보다 25%나 75%의 확률로 먹이를 얻었을 때에 더 높았습니다. 하지만 도파민 수치가 가장 높았을 때는 이들이 50%의 확률로 먹이를 얻었을 때였습니다. 왜 그럴까요? 50%의 확률로 먹이를 얻었을 때, 보상에 대한 불확실성이 가장 크다고 느꼈기 때문입니다.

새폴스키 교수는 다음과 같이 이야기하며 강연을 마칩니다. "여러분은 확률 방정식에 '아마도maybe'라는 단어를 넣습니다. '아마도'라는 말보다 중독성 강한 것은 없습니다."

도박에 빗대어 보면 그의 연구는 더욱 명확하게 설명됩니다. 도파민이 보상 그 자체에만 반응한다면 사람들은 도박에 그렇게까지 중독되지는 않을 겁니다. 결국 인간을 도박 중독으로 몰아가는 것은 보상에 대한 기대감입니다. 보상 확률이 달라진다면 중독의 위험성은 더욱 증가하죠. 기대감이 주는 짜릿함에서 벗어나면 인간은 논리적으로 사고할 수 있게 되고, 도박이 승산 없는 게임이라는 걸 인지할 수 있게 됩니다.

슬롯은 보상 확률이 달라지는 전형적인 도박 게임입니다. 우리는 레버를 당기고 빙글빙글 돌아가는 그림판이 하나씩 멈추기를 기다리죠. 다음 그림판이 멈추면 부자가 될지도 모른다는 생각이 들 때 도파민은 솟구칩니다.

결국에는 하게 될 겁니다 ....

도박 게임으로는 실리콘밸리도 뒤처지지 않습니다. 도파민이 솟구치는 것을 느끼려고 굳이 라스베이거스까지 갈 필요가 없죠. 소셜 미디어에 게시물을 올리고, '좋아요'나 댓글 또는 공유하기 등의 반응을 기다리기만 하면 됩니다. 더 비참하게는 게시물에 아무런 피드백도 달리지 않는 상황을 관전하는 것도 방법이죠. 실리콘밸리에서는 뛰어난 인재들이 여러분의 환심을 사기 위해 각종 애플리케이션에 다양한 보상 시스템을 심어 두고 있습니다. 슬롯머신에 칩을 끼우는 것과 마찬가지죠.

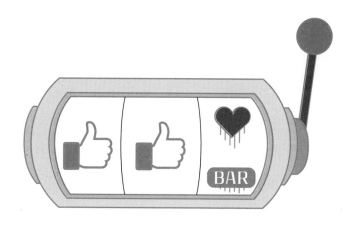

페이스북의 초대 사장 숀 파커Sean Parker는 미국 인터넷 매체 악시오스가 2017년 필라델피아에서 주최한 행사에서 소셜 미디어의 영향력에 대해 다음과 같이 말했습니다.

페이스북 서비스를 시작했을 때, 사람들은 저에게 이런 말을 했습니다. "저는 실제 생활 속의 상호 작용이 더 중요하다고 생각하기 때문에 SNS를 하지 않습니다. 저에게는 지금 이 순간, 이곳이 더 중요합니다." 그러면 저는 긴말하지 않고 이렇게 대답했죠. "네, 그래도 언젠간 하게 되실 거예요." 제 말에 계속 아니라고 말하는 사람들에게는 "결국에는 우리가 그렇게 만들 겁니다"라고 말했어요. 저도 제가 한 말을 진정으로 이해한 건지는 모르겠습니다. 페이스북 사용자가 10억 명, 20억 명으로 늘어나면서 의도치 않게 사회와 사람 간의 관계, 타인과의 관계가 말 그대로 완전히 바뀌어 버리는 결과가 발생했기 때문입니다. 소셜 미디어는 아주 이상한 방식으로 생산성을 저해합니다. 이것이 우리 아이들의 뇌에 어떠한 영향을 미치고 있는지는 오직 신만이 알겠죠.[5]

소셜 미디어 기업들은 사용자를 계속해서 붙잡아 두기 위해 도파민 체계를 조종하고 있습니다. 우리는 바로 이 문제에 관심을 가져야 합니다. 데이비드 브룩스David Brooks는 뉴욕타임스 논평란에 〈기술은 얼마나 악한가?How Evil Is Tech?〉라는 제목의 글을 기고하여, '테크 기업은 무엇이 도파민 분비를 부추기는지 안다. 그들이 만든 상품에는 우리를 유혹하고 우리의 충동 회로를 자극하는 기술이 들어있다'라고 주장했습니다.[6] 브룩스의 글은 숀 파커의 인터뷰와 같은 맥락에 둘 수 있습니다. 숀 파커는 이렇게 말했죠.

어떻게 하면 사람들이 소셜 미디어에 그들의 시간과 관심을 최대한 많이 쏟아부을까요? 우리는 사람들에게 이따금 도파민이 솟구치는 감정을 느끼도록 했습니다. 사진이나 게시물에 누군가가 '좋아요'를 누르거나 댓글을 달게 만들어 놓은 것이죠. 그러면 사람들은 콘텐츠를 올리는 데 더욱 집중하게 되고, 그럴수록 '좋아요'와 댓글은 늘어나게 됩니다.

파커는 자신을 비롯한 다른 소셜 미디어 거물들이 플랫폼 디자인에 적용한 게이미피케이션gamification(소비자나 참여자의 관심을 유발하고 몰입도를 높이기 위해 게임이 아닌 분야의 문제 해결에 게임적 사고와 과정을 적용하는 일 – 옮긴이) 방식에 대해 이렇게 설명합니다.

> 이것은 사회적 확인이 반복되는 고리와 같습니다. 인간의 취약한 심리를 이용하는 장치이기 때문에 저와 같은 해커들이 생각해 내기 딱 좋죠. 저를 비롯해 마크 저커버그, 인스타그램의 설립자 케빈 시스트롬 등 소셜 미디어를 만들어 낸 사람들은 모두 이 사실을 알고 있으면서도 실행에 옮겼습니다.

이처럼 세계 최대의 소셜 미디어 기업들은 도파민과 다양한 보상의 효과에 대해 인지하고 있을 뿐만 아니라, 자신의 이익을 위해 이를 이용하고 있습니다.

한 번만 더 ····

기억하세요. 도파민 분비는 짧은 시간에 이루어집니다. 무언가를 기대하면 도파민 수치가 올라가고, 이내 다시 떨어지기 마련입니다.

하지만 계속해서 높은 도파민 수치를 유지하려는 데서 중독은 시작됩니다. 카지노에서 흔히 볼 수 있는 광경이죠. 사람들은 다음번에는 꼭 잭팟이 터지길 바라며 레버를 당기고 또 당깁니다. 인간은 더 많은 것을 원하고, 더 많은 것을 기대하며, 더 큰 보상을 원하게 되어 있죠. 이러한 특성 때문에 중독이 시작됩니다.

소셜 미디어에서 게시물을 올리는 것은 슬롯머신의 레버를 당기는 일과 매우 흡사합니다. '좋아요'를 받거나, 댓글이 달리거나, 또는 자신의 게시물이 공유되는 등의 가변적 보상이 숨어 있기 때문입니다. 원하는 보상을 받지 못해도 계속해서 게시물을 올리는 이유가 바로 여기에 있죠. 어떤 보상이 주어질지 모르기 때문에 기대감은 점점 커집니다.

타인에게 확인 받지 못하면 도파민 분비는 계속해서 증가합니다. 나의 게시물이 타인의 관심을 받기를 기대하며 기다리기 때문이죠. 도박에서는 블랙잭을 예로 들 수 있습니다. 다음에 어떤 카드가 올지 기다리는 동안 카드에 대한 기대감이 엄청난 양의 도파민을 분출시키죠. 두 번째 카드로 인해 승자가 될 수도, 패자가 될 수도 있지만 그 기대감 때문에 사람들은 블랙잭에 빠집니다. 소셜 미디어에 게시물을 올리는 행위는 어떤 결과가 나올지 모른다는 점에서 블랙잭에서 카드를 기다리는 행위와 비슷합니다.

왜 우리는 '좋아요', 댓글 등 타인의 반응에 이토록 신경을 쓰는 걸까요? 1장에서 언급했듯, 인간은 소속의 욕구에 따라 행동하는 동물이며, 사회적 확인은 보상을 좋아하는 뇌의 화학 반응을 통해 이루어지기 때문입니다. 게시물에 100개의 '좋아요'가 달렸다면 다음에는 120개, 150개를 원하게 됩니다. 우리는 지난 게시물이나 친구들이 올린 게시물의 인기를 토대로 다음에 올릴 게시물이 어느 정도의 관심을 받을지 기대합니다. 더 크고 확실한 관심을 원하죠. 이때, 자신의 위치를 가늠하기 위해 소셜 미디어에 접속해 허영 지표를 확인하는 행위는 중독의 단초가 될 수 있습니다.

제가 올린 게시물에 25개의 '좋아요', 친구가 올린 게시물에 250개의 '좋아요'가 달렸다고 가정해 보겠습니다. 저는 곧 50개, 100개의 '좋아요'를 원하게 될 겁니다. 친구를 통해 사회적 지위에 대한 기대가 높아졌기 때문입니다. 이처럼 다수에게 관심을 받으며 매체를 통해 사회적 지위를 향상할 수 있다는 생각은 오늘날 젊은 층에게는 매우 중요합니다.

저는 팝잼을 하던 딸의 행동에서 이러한 면을 보았습니다. 제가 우려하던 바죠. 케일리는 다른 사람들의 게시물이 얼마나 인기 있는지에 대해서도 관심이 있는 것 같았습니다. 저와 아내는 인스타그램을 비롯한 SNS에 게시물을 거의 올리지 않습니다. 하지만 가끔 게시물을 올리면 케일리는 우리가 몇 개의 '좋아요'를 받았는지 알고 싶어했죠. 이제 뇌에서 기대감이 무엇을 의미하는지 알기 때문에, 저는 아이의 호기심이 심각한 문제로 이어질 수 있다는 사실을 인지하게 되었습니다. 아이가 '좋아요'를 몇 개 받았냐고 물으면, 저는 아이에게 '좋아요'의 수는 중요하지 않다고 말합니다. 그리고 토니 삼촌이나 애덤 삼촌이 가족의 사진에 '좋아요'를 누르는 건 우리에게 안부를 전하는 방식일 뿐이라고 이야기해 주죠.

소셜 미디어 기업이 의도적으로 우리의 행동을 유도하고 있다는 것을 아이들에게 가르치는 일은 매우 중요합니다. 맨 처음 소셜 미디어를 세상에 소개한 이들 중 일부는 소셜 미디어가 우리 삶에 끼치는 부정적인 영향이 그들의 책임이라는 사실을 인정하기 시작했습니다. 사용자의 강박적인 행동을 부추기는 소셜 미디어의 일부 기능에 대해 우려의 목소리를 내고 있죠.

실험 속의 생쥐 · · · ·

"엄청난 죄책감을 느낍니다."

페이스북의 부사장이었던 차마스 팔리하피티야Chamath Palihapitiya가 스탠퍼드 경영 대학원 강연회에서 한 말입니다. 소비자의 행동 패턴을 사업에 이용했느냐는 질문에는 다음과 같이 대답했죠. "우리는 도파민 분비를 자극하는 피드백 기능을 만들어 냈고, 그것은 우리 사회의 작동 방식을 파괴하고 있습니다."[7] 양심의 가책을 느끼거나, 적어도 지금 무슨 일이 일어나고 있는지 인지하고 있는 사람은 비단 차마스뿐만이 아닙니다. 수년 동안 전략을 세우고 사용자 참여도를 높이는 일에 큰돈을 투자하던 소셜 미디어 기업들도 태세를 바꾸기 시작했습니다.

구글에서 제품 매니저이자 디자인 윤리학자로 근무했던 트리스탄 해리스Tristan Harris는 소셜 미디어 사용자의 강박적인 행동에 대해 우려의 목소리를 내는 사람 중 한 명입니다. 세계적인 소셜 미디어 기업들을 향해 변화를 촉구하고 있죠. 구글에 근무하는 동안 해리스는 기술 기업들에 '관심을 사로잡기 위한 과도한 지출 경쟁'을 경고하고, 책임감 있는 디자인을 촉구했습니다. 2016년 구글을 떠난 해리스는 '알찬 시간Time Well Spent'이라는 비영리 단체를 설립했습니다. 기업들을 대상으로 더 나은 디자인 도입을 장려하기 위해서였죠. 이후, 구글과 애플은 휴대폰에 시간을 제어하는 기능을 추가하기도 했습니다.[8]

2018년, 해리스는 인도적 기술 센터를 설립했습니다. 저는 모든 부모가 이 책에서 언급하는 트리스탄 해리스의 강의와 연구에 관심을 가지기를 바랍니다. CBS의 간판 시사 프로그램, 〈60분〉에서 진행자 앤더슨 쿠퍼는 해리스와 함께 두뇌 해킹brain hacking에 관한 이야기를 나눕니다. 그리고 스냅챗이 그 예로 등장하죠. 인터뷰에서 해리스는 스냅챗이 현재 미국 10대들 사이에서 가장 인기 있는 메신저이며, 스냅스트릭스Snapstreaks를 통해 자신이 상대방과 며칠 동안 대화를 지속했는지 알 수 있다고 이야기합니다. 스트릭(상대방과 얼마나 오랫동안 대화를 이어 갔는지 알려 주는 기능으로, 채팅 버튼 옆에 숫자가 뜬다. —
옮긴이)을 이어 가고자 하는 사용자의 심리는 엄청난 양의 도파민 분비로 이어지죠.

별것 아닌 일처럼 느껴지시나요? 표면적으로는 별문제가 없는 것처럼 보일 수도 있지만, 해리스는 스트릭에 푹 빠진 10대들에게서 어떤 충격적인 모습이 나타나는지 설명합니다.

아이들은 스트릭이 사라지는 것을 원하지 않습니다. 여행이라도 가면 스트릭이 사라질까 봐 두려운 나머지, 자신의 비밀번호를 친구들에게 알려 주고 스트릭을 대신 이어 가 달라고 할 정도죠. 이쯤 되면 여러분도 궁금해질 겁니다. 이러한 기능들은 인간의 삶에 도움을 주기 위해 만들어진 걸까요, 아니면 사용자들을 현혹하려고 만들어진 걸까요?[9]

그는 사회적 확인을 가능하게 하는 지표가 중요하다는 사실을 강조했습니다. 어떤 사람들은 과거에 전화로 수다를 떨던 행위가 현대에 와서 SNS 소통으로 바뀐 것이라고 말합니다. 하지만 해리스는 발전한 기술이 이 행위를 전혀 다른 것으로 바꾸어 놓았다고 지적했습니다. 그는 "1970년대에는 여러분의 전화기 너머에서 전화기를 재설계하고, 사람들의 관심을 끌기 위해 매일 전화기 작동 방식을 업데이트하는 엔지니어들이 1000명씩 있지는 않았다"라고 말합니다. 텔레비전도 마찬가지입니다. 스마트폰이 없던 시절, 대부분의 아이가 그랬듯 저 또한 텔레비전 앞에서 긴 시간을 보냈습니다. 하지만 컴퓨터 과학자이자 소셜 미디어 비평가인 재런 러니어Jaron Lanier는 이렇게 말합니다. "당신이 텔레비전을 볼 때, 텔레비전도 당신을 보고 있지는 않죠."[10]

〈60분〉에서, 앤더슨 쿠퍼는 도파민 연구소의 공동 설립자인 램지 브라운Ramsay Brown과도 이야기를 나눴습니다. 브라운은 기술 업계에 몸담기 전에 신경 과학을 연구했습니다. 그는 애플리케이션이 '좋아요'와 같은 사용자 참여 지표를 '가상의 화폐'로 보고, 사용자의 행동을 유도하기 위해 그 화폐를 전략적으로 '소비'한다고 말합니다.

이들은 여러분의 '좋아요'를 감춥니다. 그리고 나중에 한 번에 그것을 보여 주죠. "방금 전, 30명이 당신의 게시물에 '좋아요'를 눌렀습니다"하고요. 하지만 왜 나중에 보여 주는 걸까요? 간단합니다. 알고리즘 때문이죠. 알고리즘은 이 사용자를 231번 실험의 79B3 실험 대상쯤으로 정하고, 사용자에게 여러 가지 보상을 보여 주며 참여도를 예측하는 겁니다.

잠깐 생각해 봅시다. 여러분이 매일 사용하는 어떤 플랫폼이 의도적으로 여러분의 게시물에 달린 '좋아요'를 숨기고 있다가, 여러분이 행동을 취할 가능성이 가장 높은 시간대에 그것을 보여 주는 겁니다. 사용자를 플랫폼에 접속하게 하고 참여하게 하는 것, 그게 바로 그들의 목표죠.

소셜 미디어 플랫폼은 사용자를 계속해서 붙잡아 둘 자극제를 찾아 지속적으로 데이터를 수집하고, 사람들을 현혹시킬 프로그램을 개발하는 데 그 데이터를 사용합니다. 여러분의 행동에 동기를 부여하기 위해 알림을 보내고, 누적된 '좋아요'의 수를 알려 주는 것은 모두 알고리즘에서 비롯된 것입니다. 어떤가요, 실험 속 생쥐나 원숭이가 된 기분이 들지 않나요?

시대가 변하고 있지만…   · · · ·

한 가지 고무적인 것이 있다면 인식이 변하고 있다는 사실입니다. 소비자들이 스스로 중독성 높은 기능에서 손을 떼기 시작한 것이죠. 플랫폼들도 '좋아요'나 스트릭 같은 교묘한 조작적 기능의 중요도를 줄이려고 하고 있습니다.

하지만 과연 플랫폼들이 앞장서서 변화를 선도할 것이라고 기대할 수 있을까요? 어림도 없죠. 스스로 자성의 목소리를 내고 변화를 시도하려는 플랫폼은 없습니다. 달라진 소비자 취향과 사용자 제작 콘텐츠 감소 문제를 해결하기 위해 기능을 업데이트할 뿐이죠. 변화를 선도하는 쪽은 사용자입니다. 사용자의 취향이 변하면 플랫폼도 신속하게 사용자의 새로운 행동 패턴을 분석해 플랫폼에 적용하려 합니다. 사용자의 이탈을 막아야 하기 때문이죠. 한 가지 예시로, '페이스북 리서치'라는 데이터 앱이 세간의 이목을 끈 적이 있습니다. 이는 페이스북 내부에서 사용되는 도구로, 이 앱을 다운로드한 휴대전화 사용자의 모든 행동이 추적됩니다. 그러면 알고리즘이 사용자 행동에 관한 데이터를 분석해, 어떻게 하면 사용자가 페이스북에서 더 많은 시간을 보낼지 연구하는 겁니다.[11]

페이스북은 리서치 앱을 통해 애플의 엔터프라이즈 프로그램 규칙을 무시하고 데이터를 수집했습니다. 이들이 수집한 데이터에는 열세 살 어린이들의 정보도 포함되었죠. 부모의 확인이 있었다 하더라도, 10대 어린이들로부터 방대한 양의 데이터를 수집한 일로 페이스북에 윤리적 문제가 제기되었습니다.

2019년 초, 페이스북이 광범위하게 데이터를 수집했다는 사실이 만천하에 드러나자 사람들은 애플의 CEO 팀 쿡에게 앱스토어에서 페이스북 애플리케이션을 퇴출하라고 요청했습니다. 하지만 페이스북 리서치 앱과 추후 설명할 '케임브리지 애널리티카 논란'이 발생한 후에도 페이스북은 기업 가치를 높이는 세 가지 지표인 매출, 이윤, 가입자 수에서 오히려 성장세를 보였습니다. 페이스북은 자신들의 행동을 멈출 이유가 없습니다. 각종 논란이 거듭되는데도 기업의 가치는 상승하고 있기 때문입니다.

주요 기업들이 자성의 목소리를 내고는 있지만, 이들은 여전히 도파민 효과를 자신의 플랫폼에 이용해 극단적으로 많은 부를 축적하고 있습니다. 소셜 미디어 기업의 궁극적인 목표는 사용자 유치입니

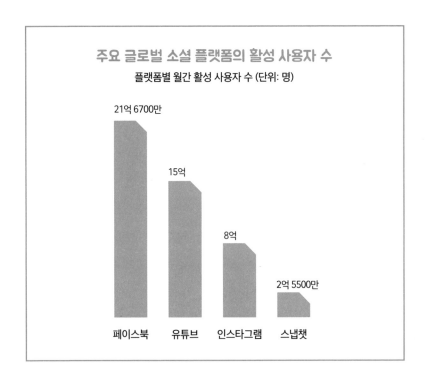

주요 글로벌 소셜 플랫폼의 활성 사용자 수

플랫폼별 월간 활성 사용자 수 (단위: 명)

다. 사용자 수를 늘리는 방식은 머지않아 달라질 수도 있지만, 이들은 계속해서 사용자 참여를 높이기 위한 도구를 활용할 것입니다.

숫자는 거짓말하지 않는다고 하죠. 플랫폼은 사용자 수와 그들의 반응에 의해 움직입니다. 광고주는 사용자가 행동을 취할 가능성이 가장 높은 시간대에 전략적으로 맞춤형 광고를 내겁니다. 생각해 보세요. 매달 유튜브, 페이스북, 인스타그램, 또는 스냅챗을 이용하는 활성 사용자의 수가 47억 명에 육박합니다.(물론 한 사람이 여러 개의 플랫폼을 사용하는 경우도 많습니다.)[12] 전 세계 인구의 절반이 넘는 숫자죠. 이를 단순히 넷으로 나눈다고 해도 각 플랫폼의 사용자 수는 10억이 넘습니다.

소셜 미디어가 현대 사회와 우리의 생활에 깊숙이 침투했다는 것은 자명한 사실입니다. 그렇다면 우리의 정신 건강은 괜찮을까요?

SNS와 정신 건강 · · · ·

소셜 미디어가 떠오르기 훨씬 전부터, 사회적 유대는 우리의 정신 건강과 연결되어 있었습니다.[13] 1장에서 이야기했듯, 인간에게는 소속 욕구가 있습니다. 집단의 일원이 되는 것은 정신 건강에 이롭죠. 아동 심리학 박사 르네 보몬트Renae Beaumont도 이에 동의합니다. 소셜 미디어가 우리의 소속감에 어떤 영향을 미치느냐는 저의 질문에 그는 이렇게 답변했습니다.

> 소속감을 느끼고 타인과 자신이 연결되었다는 느낌을 받고자 하는 것은 인간의 기본적인 욕구입니다. 우리가 의미 있는 대면 관계를 해치지 않으면서, 소셜 미디어를 건강한 방식으로 사용한다면 소셜 미디어는 우리가 소속감을 느끼는 데 도움이 됩니다.[14]

하지만 보몬트 박사는 아동 및 청소년, 특히 10대 초반의 아이들이 건강한 방식으로 소셜 미디어를 이용하는 것은 쉬운 일이 아니라고 말합니다.

제가 만난 아이들은 남녀 구분할 것 없이 인스타그램 등에서 찾은 인플루언서나 친구들의 모습을 자기 자신의 모습과 비교합니다. 그리고 생김새, 성취, 인기, 생활 방식 등에서 자신이 한참 뒤떨어진다고 느끼죠. 우리는 일상적으로 타인의 사진과 영상, 게시글을 볼 수 있게 되었지만, 바로 그 점 때문에 타인과 자신을 비교해 스스로를 더욱 깎아내리게 됩니다. 악순환의 고리가 만들어지기도 하죠. 낮은 자존감, 우울, 사회적 배제, 거절을 경험할 가능성이 큰 아이들은 인터넷에서 게시물을 보고 자신을 타인과 비교할 가능성 또한 높습니다. 그러면 이것은 더 낮은 자존감, 더 깊은 우울감, 사회 부적응자가 된 듯한 감정을 부추깁니다.

어린 사용자들에게 있어 스마트폰과 소셜 미디어는 자신의 사회적 지위를 가늠하고, 언제 어디서나 타인과 자신을 비교할 수 있는 도구입니다. 하지만 동시에 이것은 그들의 정신 건강을 해치는 도구가 될 수도 있습니다. 진 트웬지Jean Twenge 박사는 자신의 저서 《#i세대》를 통해 급격히 증가하는 10대 우울증과 자살률이 스마트폰 및 소셜 미디어의 사용과 큰 관련이 있다고 주장합니다.[15]

트웬지 박사는 1995년에서 2012년 사이에 태어나, 스마트폰과 소셜 미디어를 이용하며 자란 세대를 i세대로 정의합니다. 애틀랜틱지에 실린 기사에서, 트웬지 박사는 i세대를 '가장 최악의 정신 건강 위기를 겪을 세대'로 꼽을 만하다고 이야기합니다.[16]

트웬지 박사는 주요우울삽화major depressive episodes, 일명 MDE로

불리는 일종의 우울 장애에 관한 연구 결과를 주목합니다. 조사에서는 MDE를 '2주 또는 그 이상, 우울한 기분이나 일상적으로 흥미나 즐거움이 없는 상태가 지속되며 수면 장애, 섭식 장애, 활력 감소나 집중력 결핍, 자존감 하락 등의 추가적인 증상을 수반하는 상태'로 정의합니다. 심각한 장애 증상을 동반한 MDE는 두 번째 범주로 분류하는데, 이 범주에 속하는 MDE는 '우울감으로 인해 집안일을 할 수 없거나, 직장 또는 학교에서 업무를 수행할 수 없거나, 가족과 불화가 생기거나 사회적 관계를 지속할 수 없는 경우'를 말합니다.

조사에 따르면 12~17세의 청소년 중 12.8%인 310만 명이 지난해 MDE를 겪었고, 9%인 220만 명이 심각한 장애를 동반한 MDE를 경험했다고 합니다. 청소년의 MDE 유병률은 몇 년 동안 크게 증가했지만, 이들보다 나이가 많은 윗세대의 MDE 유병률은 일정한 수준을 유지했습니다. 또한 트웬지 박사는 미국대학건강협회의 조사 결과를 인용해, 자살 충동을 느꼈거나 의도적으로 자해를 하려는 충동을 느낀 대학생의 수가 2011년에서 2016년 사이 매우 큰 폭으로 증가했다고 책을 통해 밝혔습니다.

그는 이러한 결과가 스마트폰과 소셜 미디어의 과도한 사용 때문이라고 말합니다. 조사 결과에 따르면 우울증을 호소하는 청소년의 수가 증가하고 있는 것은 분명합니다. 하지만 저는 이 문제를 야기하는 결정적 원인이 스마트폰과 소셜 미디어라고 단정하는 것은 너무 성급하다는 생각이 들었습니다.

스마트폰 사용과 정신 건강 문제를 연결하는 데에는 본질적인 문제가 있습니다. 2017년 출간된 자신의 책에서 트웬지 박사는 자살률이 증가하고 있다고 언급합니다. 이 주장을 뒷받침하기 위해 박사는 2015년도까지의 데이터를 사용했는데, 그때의 자살률은 스마트폰이 등장하기 훨씬 전인 1980년대 후반과 1990년대 초반보다 더 낮았습니다.[17] 물론 자살률은 2016년과 2017년에 계속해서 증가세를 보였고, 지난 몇십 년 중 가장 높은 수준을 기록했죠. 숫자는 거짓말을 하지 않습니다. 아니 땐 굴뚝에 연기가 나지도 않을 겁니다. 하지만 상관관계가 반드시 인과관계를 의미하는 것은 아닙니다.

전직 재무 분석가로서, 저는 데이터를 꼼꼼히 살펴보는 편입니다. 또한 방법론과 통계 산출물에 매우 관심이 많고, '허위 상관'의 개념에 대해서도 잘 숙지하고 있습니다. 허위 상관은 관련이 있는 것처럼 보이지만 실제로는 그렇지 않은 두 개의 변수 사이에서 상관관계를 만들어 낼 때 발생합니다. 가장 잘 알려진 예시 중 하나가 바로 S&P 지수와 슈퍼볼(미국 프로미식축구 챔피언 결정전) 승리 팀과의 관계죠. AFC 팀이 승리하면 이듬해 S&P 지수가 하락하고, NFC 팀이 승리하면 S&P 지수가 상승한다는 식입니다. 한때는 어떤 팀이 승리하느냐가 S&P 지수를 예측하는 지표가 되었고, 정확도도 90% 이상이었습니다. 하지만 시간이 흐르면서 정확도는 점점 떨어지게 되었고, 두 가지 변수 사이의 상관관계도 약화되었습니다. 이 두 가지 변수는 분명히 서로 관계가 없지만, 패턴을 찾다 보면 우리는 이 두 가지가 관련이 있다고 생각하게 됩니다.

한 가지 예를 더 들어볼까요? 범죄율은 매해 여름 상승합니다. 아이스크림 판매율도 마찬가지죠. 그렇다면 아이스크림 소비의 증가는 범죄 발생의 증가를 의미할까요? 여름에 범죄율이 상승하는 것은 다른 이유 때문일 가능성이 더 높습니다. 평소보다 더 많은 사람이 거리로 나오고 휴가를 떠나면서 집을 비우기 때문일 확률이 높죠. 아이스크림 판매 증가와 범죄율 증가를 연결해 주는 요소는 기온 상승일 수 있습니다. 따라서 공통 요인인 기온 상승이 두 가지 변수를 연결할 수는 있지만, 이것이 각 변수가 다른 변수의 원인이 된다는 뜻은 아닙니다.

마찬가지로, 스마트폰과 SNS 사용 증가와 우울증 유병률의 증가는 직접적인 상관관계가 없을지도 모릅니다. 하지만 결과에 영향을 미치는 다른 변수와는 관련이 있을지도 모르죠. 정신 건강에 관한 정보는 자가 보고 방식을 띄기 때문에 많은 편향된 사고가 수반될 수 있습니다. 최근에는 정신 건강에 대한 편견에 변화가 생기고 있습니다. 아이러니하게도 사람들이 정신 질환을 소셜 미디어에서 공공연하게 밝히고 싶어 하기 때문이죠. 그래서 자신의 건강 상태에 관해 스스로 이야기하는 사람들이 더 많아지는 결과가 발생할 수 있습니다.

결론이 명확하진 않지만, 트웬지 박사의 주장과 상반되는 결과를 보여 주는 연구들도 있습니다.(다시 한번 말하지만, 표본의 범위가 제한적이고 주관적인 감정에 의존한 데이터가 대부분입니다.) 영국 옥스퍼드 대학의 연구원 에이미 오르벤Amy Orben, 토비아스 디엔린Tobias Dienlin, 앤드류 K. 프리지빌스키Andrew K. Przybylski는 종단 연구(사람이 발달하면서 어떤 모습으로 변하는지 알아보기 위해 기간을 두고 반복적으로 동일한 사람에게서 정보를 수집하는 조사법— 옮긴이)를 통해 '소셜 미디어 이용은 청소년 인구의 삶의 만족도에 영향을 끼치는 강력한 예측 변수가 아니다. 소셜 미디어가 삶의 만족도에 미치는 영향은 아주 미묘하고 사소한 수준이며, 서로에게 양방향으로 영향을 끼친다. 성별과 분석 방식에 따라 결과도 다르다'고 결론지었습니다.[18]

오르벤은 가디언지를 통해 '청소년이 미디어를 얼마나 사용하느냐에 따라 1년 후 그들의 삶의 만족도는 0.25% 달라졌다. 반대로, 삶의 만족도가 얼마나 변화했느냐에 따라 1년 후 소셜 미디어의 사용률은 0.04% 달라졌다. 매우 적은 영향을 끼친다고 볼 수 있다'고 밝혔습니다.[19]

트웬지 박사의 주장과 더욱 상반되는 결론을 이끌어 낸 또 다른 연구도 있습니다. 이 연구에서는 청소년과 대학생, 두 집단을 표본으로 하여 소셜 미디어의 사용과 우울증 사이의 관계를 알아보았습니다. 그리고 '표본 집단 모두에서 소셜 미디어 사용이 남성 또는 여성의 우울증을 예측하지는 않았다. 그러나 여성 청소년들 사이에서만, 우울증이 심해질수록 소셜 미디어 사용이 더욱 빈번해지는 결과가 나타났다'는 결론을 도출했습니다.[20]

소셜 미디어가 정신 건강에 미치는 영향

소셜 미디어로 정신 건강에 위기가 찾아왔다.

진 실

소셜 미디어는 정신 건강에 해가 되지 않는다.

자, 이제 우리의 손에는 두 가지의 극단적인 결과가 놓여 있습니다. 한 가지는 소셜 미디어로 우리의 정신 건강에 위기가 찾아왔다는 것, 또 다른 한 가지는 소셜 미디어가 정신 건강에 미치는 영향이 아주 미미하다는 것입니다. 진실은 무엇일까요? 결과를 단정하기에는 아직 이르다는 것이 저의 생각입니다. 두 결과의 중간 어딘가에 답이 있을 거라는 생각도 듭니다. 직관적으로 보면 우리가 소셜 미디어에서 보고 읽는 것들 중 일부는 정신 건강에 해로워 보입니다. 아니 땐 굴뚝에 연기가 날 리 없으니까요. 하지만 그러한 게시물이 정신 건강에 심각한 해를 끼친다고 단정 지을 수도 없겠죠.

스마트폰에 관련된 부정적인 이야기를 접하다 보면 퍽 걱정스러워집니다. 현재 저와 같은 부모들은 아이들의 상호 작용이 꽤 많이 걱정스럽습니다. 최근에 저는 한 식당에서 10대 청소년 네 명이 함께 앉아 있는 것을 보았습니다. 그런데 그들 사이에는 무거운 침묵이 흐르고 있었죠. 아이들은 모두 무표정한 얼굴로 핸드폰만 쳐다보고 있었습니다. 미소 한 번 짓지 않았고, 의미 있는 대화나 상호 작용은 전혀 찾아볼 수 없었습니다. 가까이에 앉아 있으면서도 서로 모르는 사람처럼 보이는 아이들의 모습은 놀랍지만 꽤 흔한 광경이 되었습니다. 저는 식당에서 보았던 소통(또는 소통의 결핍)이 10대 청소년들에게 지속적으로 어떤 영향을 미칠지 궁금해졌습니다. 서로 얼굴을 맞대는 직접적인 소통은 등한시하고, 핸드폰의 네트워크로만 소통을 한다면 우리의 정신 건강에는 어떤 변화가 생길까요?

페이스북 그리고 건강한 삶 · · · ·

연구원 홀리 샤키아Holly Shakya와 니콜라스 크리스타키스Nicholas Christakis는 페이스북 사용자를 대상으로 웰빙(건강한 삶) 지수의 변화에 대해 조사했습니다. 이들은 연구를 통해 '오프라인 모임 활동은 인간의 전반적인 웰빙에 긍정적인 영향을 끼치는 반면, 페이스북 활동은 웰빙에 부정적인 영향을 끼친다'고 결론지었습니다.

소셜 미디어에 시간을 더 많이 쓰는 사람일수록 웰빙 지수가 낮다는 겁니다. 이 결론은 더 심도 있는 질문으로 이어집니다. 페이스북을 이용하기 때문에 웰빙 지수가 낮아지는 것일까요, 아니면 웰빙 지수가 낮기 때문에 페이스북에서 더 많은 시간을 보내는 것일까요? 샤키아와 크리스타키스는 이 주제를 연구하는 데에는 많은 어려움이 따르며, 소셜 미디어 사용과 웰빙의 상관관계를 밝히기 위해서는 더욱 철저한 조사가 필요하다고 말합니다.

연구가 어려운 첫 번째 이유는, 종적 연구에서 연구자들은 조사 응답자가 보고하는 데이터에 의존할 수밖에 없기 때문입니다. 이들은 응답자가 우울증을 앓았는지, 혹은 다른 정신 건강 문제를 겪었는지의 여부를 직접 평가할 수 없었습니다. 두 번째 이유는 페이스북 데이터의 가용성 문제입니다. 조사 응답자들 중 상대적으로 적은 수의 응답자만이 연구자에게 자신의 페이스북 데이터 열람을 허용했습니다. 표본 집단의 감소로 연구자들은 결정적인 연관성을 밝히기가 더욱 어려워졌죠. 마지막으로, 연구자들은 페이스북에서의 어떤 활동이 웰빙 지수의 감소로 이어지는지 알아내기 어려웠습니다. 응답자가 타인의 긍정적인 게시물에 '좋아요'를 누를 때, 그것이 부정적인 자기 비교로 이어졌는지 파악하는 일은 쉽지 않았죠.

이처럼 조사에 한계가 있었지만, 연구자들은 몇몇 다양한 데이터 지표들을 비교해 일관적인 결과를 얻을 수 있었습니다. 페이스북 이용이 웰빙에 도움이 되지는 않는다는 것이었죠. 연구자들은 각각의 소셜 미디어 사용자들이 이용 시간을 줄이고 현실 속 관계에 집중하는 것이 바람직하다고 결론 내렸습니다.

개인적으로 이 연구에서 가장 놀랍고도 흥미로운 부분은 타인의 게시물에 '좋아요'를 누르고, 그들과 소통하는 등 우리가 긍정적인 행동이라고 여겼던 부분조차 정신 건강에 부정적인 영향을 끼칠 수 있다는 사실이었습니다. 긍정적인 게시물과 상호 작용이라고 해도, 만약 아이들이 그것을 또래와 자신을 비교하기 위한 수단으로 사용한다면 얼마든지 그들에게 부정적인 영향을 줄 수 있습니다. 특히 아이들이 '좋아요'나 게시물에 달린 타인의 반응 등 허영 지표를 통해 자신의 가치를 평가하는 모습은 꽤나 걱정스럽죠. 다음 장에서는 실제의 이야기를 통해 이러한 지표가 청소년에게 어떤 영향을 미치고 있는지 살펴보겠습니다.

3장

'좋아요'가
좋지 않은 이유

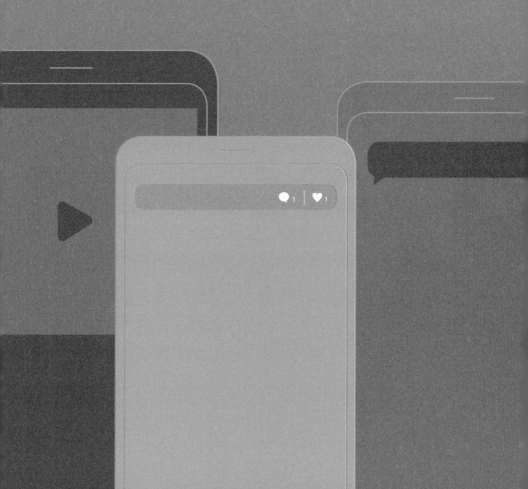

엄지의 무게는 가볍지 않다

생일 축하해, 션 $\cdots$

제가 처음으로 페이스북을 접한 건 2006년이었습니다. 첫눈에, 아니 첫 클릭에 사랑에 빠졌죠. 보통의 사용자들처럼 저도 페이스북을 통해 고등학교 친구들과 다시 연락하게 되었고, 인생의 여러 사건을 공유하고, 각종 최신 소식을 접할 수 있었습니다. 하지만 시간이 지날수록 앱을 통한 상호 작용에는 진정성이 부족하다는 느낌이 들었습니다. 사람들도 관계의 질보다는 자신이 맺은 친구의 수가 몇 명인지에 관심이 더 많아 보였죠. 저와 페이스북의 호시절은 그렇게 막을 내리기 시작했습니다.

그러던 중 저는 서른 번째 생일을 맞았습니다. 저의 페이스북 담벼락은 '생일 축하해'라는 메시지로 넘쳐났죠. 페이스북의 알고리즘은 직접적으로든 간접적으로든 연결된 모든 사람에게 자동으로 생일 알림을 띄워 줍니다. 저와 연관이 있는 사람이라면 누구든 '오늘은 션 허먼님의 생일입니다. 생일을 축하하려면 여기를 클릭해 주세요'라는 메시지를 보게 되는 겁니다. 저에게 글을 남긴 사람들도 그 메시지를 본 것이죠. 저는 '생일 축하해, 션'이라는 인사를 셀 수도 없을 만큼 많이 받았지만, 그중 상당수는 제가 알지도 못하는 사람들로부터 온 것이었습니다. 메시지를 보내 준 것은 감사하지만 모든 것이 너무 인위적으로 보였습니다.

다음 날, 저는 친구들을 초대해 바비큐 파티를 열었습니다. 그리고 깨달음을 얻었죠. 주위를 둘러보다 이런 생각이 든 겁니다. '나에게 중요한 사람들은 지금 바로 여기에 있구나.' 그날 모인 친구들 중 페이스북의 알고리즘 때문에 저의 생일을 축하하러 온 이는 아무도 없었습니다. 우리의 만남에는 진정성이 있었고, 그건 정말 멋진 일이었습니다. 파티 이후 저는 페이스북에서 저의 생년월일을 삭제했고, 몇 년 후에는 결국 계정을 비활성화했습니다. (이후 다시 활성화하기는 했지만 예전과 같은 방식으로 사용하고 있지는 않습니다.) 페이스북을 통한 상호작용의 질이 갈수록 저하되는 것 같다는 느낌이 들자, 저는 페이스북에 완전히 흥미를 잃고 말았습니다.

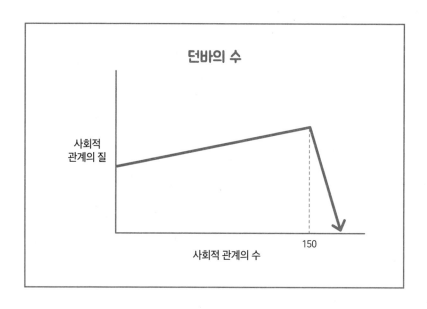

인간이 영위할 수 있는 사회적 관계의 범위는 유한합니다. 그렇지 않으면 양질의 관계를 유지할 수 없기 때문이죠. 1990년대에 그것을 숫자로 표현한 이가 있었습니다. 바로 영국의 인류학자 로빈 던바 Robin Dunbar입니다. 그는 인간이 안정적으로 사회적 관계를 맺을 수 있는 사람의 수가 150명에 불과하다고 말합니다. 우리는 이 150이라는 수를 가리켜 '던바의 수'라고 부르죠. 소셜 미디어는 우리의 인간관계를 150명이라는 범위 밖으로 확장시켜 줍니다. 하지만 계속해서 확장하는 광범위한 상호 작용은 오히려 우리의 관계를 약화시킬 수 있습니다.

인스타그램 스타의 고백 . . . .

호주 출신인 에세나 오닐Essena O'Neill은 15세에 소셜 미디어 스타가 되었습니다. 여러 유명 SNS 플랫폼에서 그녀를 모르는 사람이 없을 정도였고, 인스타그램에서만 50만 명의 팔로워를 거느린 인기 스타였습니다. 이러한 유명세로 그녀는 모델 계약을 따내고 전 세계를 여행했으며, 엄청난 돈을 벌었죠. 그러던 오닐은 돌연 인스타그램에서 절필을 선언하며 다음과 같은 메시지를 남겼습니다.[1]

> 저는 열다섯 살의 나이에 소셜 미디어 스타가 되었습니다. 열두 살 때 저는 제 자신이 키만 컸지 세상 물정은 하나도 모르는 어리숙하고 인기 없는 아이라고 생각했어요. 그래서 소셜 미디어 스타가 되는 것이 최고의 일이고, 모든 사람이 나를 좋아해 준다면 행복할 거라고 생각했습니다.

오닐은 소셜 미디어에 게시물을 올리기 위해 하루에 여덟 시간씩을 투자해 촬영, 스타일링, 편집을 했습니다. 그녀의 인생은 소셜 미디어를 중심으로 돌아갔죠. 겉으로 보기에 그녀의 삶은 완벽해 보였습니다. 하지만 어느 순간, 그녀는 속으로 외롭고 비참하다는 생각이 들었다고 합니다. 매일 더 많은 인기를 얻었지만, 자신의 '진짜' 친구들과는 멀어진 채 소셜 미디어 속에서만 소통하고 있었던 것이죠.

사진이나 브이로그 속 저는 항상 미소를 짓거나 웃고 있었죠. 사람들은 아무도 제가 사회 불안 장애, 우울증, 신체 이형 장애를 앓고 있단 사실을 알지 못했어요. 누군가를 만나면 제 머릿속에는 그 즉시 '이 사람들은 나를 싫어해', '이들은 내 동영상을 비웃을 거야', '이들은 나를 바보라고 생각해'라는 생각이 떠올랐습니다. 저는 활기차고, 재미있고, 행복해 보이는 일상을 끊임없이 만들어 내야 한다는 사실에 지쳐 버렸어요.

결국 오닐은 모든 것을 내려놓았습니다.

소셜 미디어는 진짜가 아닙니다. 꾸며낸 이미지와 편집된 영상이 난무하죠. 저는 그곳에 존재하는 것도, 사람들과 소통을 하는 것도 아니라는 생각이 들었습니다. 저의 일상은 화면에서 내 인생이 얼마나 멋진지 보여 주려면 어떻게 해야 할지 고민하는 일과 끊임없는 사진 촬영으로 점철되었습니다.

해변에서 비키니를 입고 찍은 그녀의 사진이 큰 인기를 끌었던 적이 있습니다. 사진 속에 보이는 모든 것이 완벽했죠. 하지만 훗날 오닐은 자신의 복근과 포즈가 마음에 들 때까지 사진을 100장 가까이 찍었다고 고백했습니다. 오닐은 완벽하게 만들어진 가짜 사진들에 대해 입을 열기 시작했습니다. 인스타그램에 '당신의 2D 버전'이라는 말도 남겼죠. 오닐은 인스타그램에 올릴 콘텐츠를 고르고 편집하는 데 인생 전체를 낭비하고 있는 것 같다는 생각이 들었다고 합니다. 그것이 적잖이 불행한 일이라는 생각도 말이죠.

자신의 19번째 생일 하루 전날, 오닐은 '보정되지 않은' 영상 하나를 게시했습니다. 그녀가 느낀 좌절감과 소셜 미디어를 그만두겠다는 결심을 담은 영상이었죠. 팬들에게 보내는 메시지에는 '저는 두려웠습니다. 제 인생의 아주 큰 부분을 낭비하고 있었습니다'라고 적었습니다. 영상을 만든 그녀는 아무런 편집도 검토도 없이 그것을 있는 그대로 유튜브에 게시했습니다.

다음날 해당 영상의 조회 수는 가히 폭발적이었습니다. 단 열두 시간 만에 100만 조회 수를 기록했고, 그녀의 인스타그램 팔로워는 50만 명에서 80만 명으로 늘었습니다. 오닐 자신도 엄청난 수에 놀라움을 감추지 못했죠. 하지만 오닐은 자신의 소셜 미디어 계정을 모두 삭제해 버렸습니다. 인스타그램, 페이스북, 텀블러, 스냅챗, 유튜브 계정을 모두 말이죠.

이후 일어난 일은 그녀에게 충격을 안겼습니다. 그녀의 팔로워들 중 상당수가 그녀에게서 등을 돌린 것입니다. 이들은 오닐을 비난하는 악성 댓글과 혐오성 게시물을 게재했습니다. 그녀의 결심은 거짓이며, 대중을 기만하는 홍보성 행위라고 말했죠. 훗날 오닐은 그 사람들이 자신에게 등을 돌리고 공개적으로 자신을 비난할 줄은 꿈에도 몰랐다고 밝혔습니다. 안타까운 결말입니다. 저는 오닐이 현재 훨씬 더 행복하고 만족스러운 삶, 나무보다 숲을 보는 삶을 살고 있길 바랍니다.

'좋아요'는 돈이 된다 · · · ·

　'좋아요', 팔로워, 댓글, 리트윗, 공유하기 등의 허영 지표는 사회적 비교를 통해 다양한 보상을 맛보게 하려는 마케팅 수단입니다. 소셜 미디어의 중독성은 사람들이 자신을 브랜드화하고, 광고성 게시물을 게재해 막대한 수익을 올리는 수단이 되죠.

　세계적인 스타나 인플루언서들은 수많은 팔로워를 거느립니다. 그

소셜 미디어 수익 순위 (2018년 기준)

순위	이름	팔로워	게시물 당 금액
1	카일리 제너	1억 1000만 명	100만 달러
2	셀레나 고메즈	1억 3800만 명	80만 달러
3	크리스티아누 호날두	1억 3300만 명	75만 달러
4	킴 카다시안	1억 1300만 명	72만 달러
5	비욘세 놀스	1억 1500만 명	70만 달러
6	드웨인 존슨	1억 900만 명	65만 달러
7	저스틴 비버	1억 명	63만 달러
8	네이마르 다 실바 산토스 주니어	1억 100만 명	60만 달러
9	리오넬 메시	9530만 명	50만 달러
10	켄달 제너	9240만 명	50만 달러

리고 팔로워들의 관심은 곧 돈이 되죠. 인기 있는 모델이나 맘 블로거들이 올리는 게시물은 한 건당 2만 달러 이상을 벌어들입니다. 믿기 힘든 액수를 받는 피드도 있습니다. 카일리 제너는 게시물 한 건당 100만 달러를, 셀레나 고메즈는 80만 달러를 받죠.[2]

이처럼 '좋아요'는 사회적 화폐, 그리고 진짜 화폐 모두를 의미하기도 합니다. 팔로워 수로 돈을 벌 수 있다는 점이 결국 팔로워와 '좋아요', 댓글의 수를 늘리고자 하는 동기가 되는 겁니다.

모바일 디자인 전문가 라미트 차울라Rameet Chawla는 사회적 부를 축적하고자 하는 욕구를 이용하기로 결심했습니다. 덤으로 금전적 부를 쌓을 방법도 터득했죠. 저는 한 기사에서 차울라의 이름을 발견했습니다. 익숙한 이름이라는 생각에 검색해 보니 애덤 알터의 책, 《멈추지 못하는 사람들》에 등장하는 인물이었습니다.

2014년, 차울라는 사용자의 인스타그램 피드에 올라오는 모든 게시물에 자동으로 '좋아요'를 눌러 주는 애플리케이션인 러브매티컬리Lovematically를 개발했습니다. 그는 "제 인스타그램 친구들이 '좋아요'를 받고 기분이 좋아진다면, 저에게도 쉽고 편한 방식으로 그들을 행복하게 해 주면 되지 않겠습니까?"라고 이야기했죠. 차울라는 자신의 회사 웹 사이트에 올린 러브매티컬리 소개 글에서 이 앱을 개발한 동기에 대해 설명했습니다. 그는 '좋아요'를 코카인에 비유하며, '이것은 아무도 모르는 사이에 우리의 문화를 지배하는 최초의 디지털 마약으로 떠올랐다'고 말합니다.[3]

러브매티컬리 봇이 그의 피드에 올라오는 게시물에 전부 '좋아요'를 누르자, 차울라는 '대박'의 조짐을 감지했다고 합니다. 피드에 올라오는 게시물에 자동으로 '좋아요'를 눌러 주는 이 프로그램 덕분에 그에게 세 달 동안 2700명의 팔로워가 새로 생긴 겁니다. 차울라는 이 앱을 공개하기로 결정했습니다. 하지만 인스타그램 측은 본사의 규정을 위반했다는 이유로 단 몇 시간 만에 러브매티컬리에 폐쇄 조치를 내렸습니다. 하지만 차울라는 인스타그램의 허점을 이용한 프로그램을 개발한 이력 덕분에 신규 개발 사업으로 50만 달러를 벌어들였습니다.[4]

차울라의 이야기는 소셜 미디어의 중독성을 재조명합니다. '좋아요'라는 사회적 화폐는 그 의미가 퇴색되어 도파민 분비를 부추기는 수단으로 사용되고 있죠.

왜 사진을 지우는 걸까? · · · ·

워싱턴 포스트의 한 기사에서 기자는 열세 살 소녀의 소셜 미디어 속 일상을 다뤘습니다.[5] 소녀는 이렇게 이야기합니다.

'좋아요'가 100개 넘게 달리면 좋죠. 댓글도요. 댓글에는 농담을 남기거나 다른 사람을 태그 하면 돼요. SNS에서 제일 멋진 건 작은 알림 상자예요. 생일 축하 포스팅도 큰 이벤트고요. 피드를 보면 누가 나를 자신의 피드에 올릴 만큼 친밀하게 생각하는지 알 수 있죠.

이 소녀를 팔로우하는 사람은 604명입니다. 하지만 소녀의 계정에는 사진이 단 25장 밖에 없죠. '좋아요'를 많이 받지 못한 게시물은 삭제해 버렸기 때문입니다. 또한 소녀는 스냅챗의 사용자 이름을 변경했다가 '스냅챗 스코어'가 0이 되는 충격적인 경험을 했다고 이야기합니다. 스냅챗 스코어는 사용자들이 서로 스냅챗을 주고받을 때 올라가는 숫자입니다. 높았던 스코어가 0이 되자 소녀는 '당혹감과 스트레스'를 느꼈고, 하루 만에 1000포인트를 쌓기 위해 계속해서 메시지를 보냈다고 합니다.

여기서 우리는 소셜 미디어 속 지표가 아이들에게 매우 중요한 의미가 있다는 것을 알 수 있습니다. '좋아요'와 스냅챗 스코어는 10대 청소년들에게 사회적 지위를 부여하는 가상의 화폐입니다. 저는 지금까지 수많은 10대 사용자들과 이야기를 나누었습니다. 이들은 대부분 '좋아요'와 스냅챗 스코어를 매우 중요하게 생각하거나, 최소한 그것에 대해 아주 잘 알고 있다고 인정합니다.

'좋아요'는 아주 중요합니다. 많은 청소년 사용자들이 '좋아요'를 충분히 받지 못한 게시물을 쉽게 삭제해 버리는 것만 봐도 알 수 있죠. 월스트리트저널에 따르면 인스타그램 사용자 중 절반 이상이 '부적합한' 게시물을 삭제하는 습관을 지니고 있다고 합니다.[6] 이것은 인스타그램 측에도 중요한 문제입니다. 바로잡아야 하는 문제죠.

압박감

소셜 미디어 플랫폼은 우리가 계속해서 새로운 콘텐츠를 올리기를 바랍니다. 사용자 생성 콘텐츠user-generated content가 없다면 플랫폼은 빠르게 매력을 잃고 변질될 테니까요. 콘텐츠의 감소 때문에 소셜 미디어 기업은 플랫폼의 기능에 변화를 주어야 했습니다. 그리고 이러한 변화의 중심에는 '좋아요'와 젊은 사용자층 사이의 관계 변화가 있습니다.

'좋아요'가 불안과 압박을 초래한다는 사실에 대해 더 많은 증거가 필요하다면, 인스타그램이 최근 몇 년 동안 사용자 참여도를 높이기 위해 도입한 두 가지 변화를 살펴보면 됩니다. 이 정도 규모의 플랫

폼이 변화를 감행한다는 것은 간단한 문제가 아닙니다. 비용 또한 많이 들죠. 이러한 변화는 '좋아요'가 불안과 압박을 수반하며, 아이들을 넘어 플랫폼 자체에도 영향을 끼친다는 것을 증명합니다.

24시간이 지나면…

사용자의 행동 변화에 발맞추기 위해 인스타그램이 도입한 첫 번째 기능은 바로 '스토리'입니다. 사용자가 '스토리' 기능을 이용해 피드를 올리면, 그 피드는 24시간 후에 자동으로 삭제됩니다. '스토리'

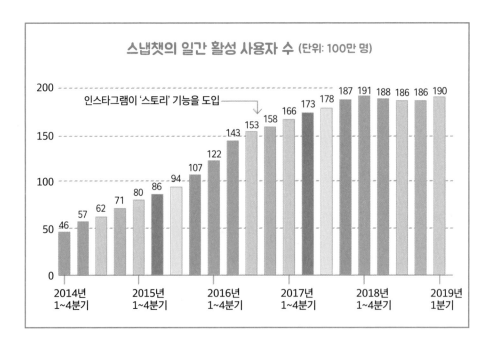

스냅챗의 일간 활성 사용자 수 (단위: 100만 명)

는 경쟁 소셜 미디어 플랫폼인 스냅챗에서 뜨거운 반응을 얻었던 기능과 상당히 비슷합니다. 2016년 중반, 스냅챗의 일간 활성 사용자 수가 1억 5000만 명에 육박했습니다. 포춘지의 한 기사는 엄청나게 혁신적이었던 이 기능 덕분이라고 이야기합니다. 사용자는 이 기능으로 인해 매번 타인에게 평가받을 필요가 없게 되었다고 강조합니다. 인스타그램도 여기에 주목했습니다.[7] 스냅챗과 마찬가지로 인스타그램의 '스토리'에는 '좋아요'나 댓글 남기기 기능이 없죠.

인스타그램이 '스토리' 기능을 도입한 건 2016년이었습니다. 저는 그 당시, 스냅챗이 비슷한 기능으로 큰 인기를 끌자 인스타그램도 경쟁력을 확보하기 위해 '스토리'를 도입했다고 생각했습니다. 하지만 실상은 인스타그램 사용자들이 '좋아요'를 충분히 받지 못했다는 이유로 삭제하는 사진이 기하급수적으로 늘어나자, 이를 막기 위한 고육지책이었던 것입니다. 인스타그램 창립자도 그러한 도입 배경을 인정했는데, 인스타그램의 CEO인 케빈 시스트롬은 월스트리트저널의 기사를 통해 '스토리'의 가치에 대해 입을 열었습니다.

우리는 사람들이 '좋아요' 수에 신경 쓰지 않고 원하는 것을 자유롭게 게시할 수 있는 공간을 만들 필요가 있었습니다. 피드백을 받지 않아도 되는 공간을 만드는 일은 인스타그램에 중요합니다. '좋아요'를 충분히 받았는지가 전부인 압박감을 주는 공간과 대조되기 때문입니다.[8]

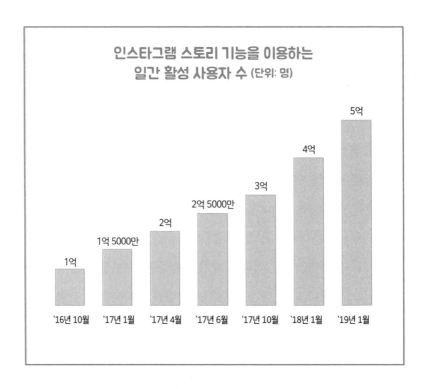

인스타그램 스토리 기능을 이용하는
일간 활성 사용자 수 (단위: 명)

1억	1억 5000만	2억	2억 5000만	3억	4억	5억
'16년 10월	'17년 1월	'17년 4월	'17년 6월	'17년 10월	'18년 1월	'19년 1월

시스트롬은 '좋아요'를 충분히 받지 못했거나, 게시물이 더 이상 사용자의 삶을 정확히 반영하지 못한다고 느낄 때 게시물 삭제 비율이 '상당히 높다'고 말합니다. 인스타그램의 '스토리'는 근본적으로 '단기 공유'를 일상화하려는 그들만의 방식입니다. 현재 상당히 많은 수의 사용자가 '스토리' 기능을 이용하고 있습니다. '스토리' 기능이 도입된 직후 인스타그램에서 이 기능을 사용하는 일간 활성 사용자 수는 2016년 10월 1억 명에서 2019년 1월 5억 명으로 상승했습니다.[9]

'스토리'의 엄청난 인기는 시스트롬의 말이 옳다는 것을 증명했습니다. 사용자들, 특히 젊은 층 사용자들은 더더욱 사회적 확인에 얽

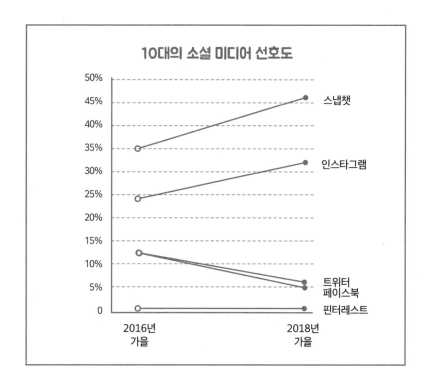

10대의 소셜 미디어 선호도

매이지 않고 게시물을 올리고 싶어 했죠. 통계만 봐도 10대의 '스토리' 선호도를 파악할 수 있습니다. 2016년 가을, 파이퍼 제프리Piper Jaffray는 청소년들의 소셜 미디어 플랫폼 선호도를 조사했습니다. 선호도 순위는 스냅챗(35%), 인스타그램(24%), 트위터(13%), 페이스북(13%), 핀터레스트(1%) 순으로 나타났죠.[10] 2018년 가을에서는 스냅챗(46%), 인스타그램(32%), 트위터(6%), 페이스북(5%), 핀터레스트(1%)로 수치에 변화가 있었습니다.[11]

콘텐츠의 영구적 보관이라는 플랫폼 고유의 성격은 훼손되었지만, 10대 사이에서 스냅챗과 인스타그램의 선호도는 모두 증가했습니다. 페이스북, 트위터, 그리고 기존의 인스타그램 형식이 '좋아요', 댓글, 공유하기, 리트윗 등의 허영 지표를 지향하고 있는 데 반해, 단기 저장 게시물을 공유하는 데 초점을 맞춘 '스토리' 기능은 10대 사이에서 선풍적인 인기를 끌었습니다. 가디언지에도 이러한 현상을 다룬 기사가 실렸습니다.

> 앱을 중심으로 독특한 문화가 생겨나 점점 커지고 있다. 자신의 프로필이 '좋아요'를 받지 못한 사진으로 채워지길 바라는 사람은 아무도 없다.[12]

게시물을 삭제하는 행위가 '좋아요'로 인한 불안감을 해소하는 역할을 한다면, 저는 사용자가 압박감에서 벗어나는 기능을 사용하는 것이 긍정적인 일이라고 생각합니다.

변화를 만든 진짜 이유 · · · ·

소셜 미디어가 주는 사회적 압박감을 해소하기 위해 인스타그램이 내놓은 두 번째 대안은 '좋아요'의 수를 계정 소유자에게만 보여 주는 것입니다. 대중에 공개되기 전 애플리케이션의 새로운 기능을 소개해 주는 것으로 유명한 기술 전문 블로거이자 연구원인 제인 만춘 윙Jane Manchun Wong은 2019년 4월, 자신의 트위터에 인스타그램이 테스트 중인 이 기능에 대해 언급했습니다. 그녀가 캡처한 인스타그램의 모습은 기존 인스타그램 사용자에게 익숙한 모습과 달랐죠. 게시물 아래에 '좋아요' 수 대신, 'OO님 외 여러 명이 좋아합니다'라는 문구가 있었던 겁니다. 웡은 팔로워들이 게시물의 '좋아요' 수보다 콘텐츠 자체에 더욱 집중할 수 있기를 희망한다는 인스타그램의 설명도 덧붙였습니다.[13]

인스타그램은 2019년 5월, 캐나다에서 이 기능을 가장 먼저 선보였습니다. '좋아요' 수가 상대방에게 노출되지는 않지만, 수를 확인하지 못하더라도 게시물을 클릭해 누가 '좋아요'를 눌렀는지는 여전히 확인할 수 있습니다. 인스타그램의 신임 대표 아담 모세리Adam Mosseri는 이 기능을 공개하며 인스타그램이 경쟁을 부추기지 않고 압박감을 받지 않는 공간이 되기를 바란다고 밝혔죠.[14]

물론 이것은 사용자들을 위한 변화일 수도 있습니다. 하지만 저는 사용자들이 '좋아요' 수로 인해 게시물을 삭제하면서 인스타그램 내

의 사용자 생성 콘텐츠가 줄어들자, 이를 막기 위한 방도라는 생각이 들었습니다. '좋아요' 수를 비공개로 전환함으로써 인스타그램은 사용자들이 영구불변의 콘텐츠를 더욱더 많이 게시하기를 바랐을 겁니다. 플랫폼은 사용자의 콘텐츠가 줄어드는 것을 결코 원치 않습니다. 소모할 콘텐츠가 넘쳐나길 바라죠.

저는 인스타그램의 새로운 기능('스토리'와 '좋아요' 개수 숨기기)이 사용자의 행동 변화를 반영해 도입되었다는 점은 고무적이라고 생각합니다. 하지만 이러한 기능이 순전히 사용자의 정신 건강과 강박적인 행동의 개선을 위해 도입되었다고는 생각하지 않습니다. 이러한 기능은 사용자의 행동 변화에 대응하기 위해, 사용자의 이탈을 막기 위해, 그리고 가장 중요하게는 사용자의 지속적인 콘텐츠 게시를 장려하기 위해 개발된 것입니다. 인스타그램을 비롯한 여러 소셜 미디어 플랫폼에서 새로운 기능을 도입하는 진짜 이유는 일간 및 월간 활성 사용자 수를 늘리고 유지하기 위함일 것입니다. 인스타그램은 그들의 사용자층, 특히 젊은 연령의 사용자층이 허영 지표와 사회적 확인을 지향하는 기능을 거부하기 시작했기 때문에, 그에 따라 플랫폼의 기능을 수정하게 된 것입니다.

논란이 될수록 행복한 기업 · · · ·

소셜 미디어 플랫폼은 사용자 생성 콘텐츠에 의존해 사용자를 유치하기 때문에 어떤 콘텐츠를 배포할지 고심할 수밖에 없습니다. 특히, 논란의 소지가 있는 콘텐츠가 있다면 많은 수의 방문자와 사용자가 유입되죠. 2019년, 블룸버그지에 실린 마크 버겐Mark Bergen의 기사는 유튜브가 어떻게 '하루 시청 시간 10억 시간'이라는 목표를 세우고, 그 과정에서 유해 콘텐츠를 배포했는지에 대해 다뤘습니다.[15] 유해 콘텐츠로 방문자 수가 증가하자, 경영진과 CEO는 각종 경고는 물론 시청자들을 위해 더 나은 콘텐츠를 제공하겠다는 내부 규정까지 무시하기에 이르렀죠. 소셜 미디어 기업에 있어 방문자 수는 최고의 화폐이기 때문입니다.

유튜브를 비롯한 많은 소셜 미디어 플랫폼은 딜레마에 직면합니다. 표현의 자유와 콘텐츠 규제에 대한 소셜 미디어의 역할이 충돌한 것입니다. 유튜브의 CEO 수잔 보이치키Susan Wojcicki는 검열되지 않은 콘텐츠에 관해 설명하며, 유튜브를 도서관에 비유합니다. 그러나 이 비유가 알고리즘의 콘텐츠 추천 방식을 설명하지는 못합니다. 이에 대해 버겐은 다음과 같이 이야기했습니다.

> 편집 감독이 없는 사용자들에 의해 만들어진 이 거대한 '도서관'에는 사실과 거리가 먼 터무니없는 정보가 포함되어 있을 수밖에 없다. 그 터무니없는 정보의 유포를 허가해야 하는 것이 유튜브의 문제다. 어떤 경우에는 유튜브의 막강한 인공지능 시스템이 콘텐츠 유포를 가속화하기도 한다.

전통적인 뉴스 매체보다 소셜 미디어에서 뉴스를 더 많이 접하는 시대에, 논란의 소지가 있는 콘텐츠가 사용자 수에 미치는 영향은 큰 문제가 될 수 있습니다. 2019년 5월, 연방 하원의장 낸시 펠로시 Nancy Pelosi가 등장하는 조작된 동영상이 페이스북에서 일파만파 퍼진 바 있습니다. 속도가 느리게 편집된 이 영상에서 펠로시는 마치 술에 취한 것처럼 보였죠. 이 영상은 가짜로 판명되었고, 페이스북도 인정했지만 해당 영상을 삭제하지는 않겠다고 밝혔습니다.[16]

2019년 5월 24일, CNN의 앵커 앤더슨 쿠퍼는 이 문제에 대해 페이스북의 글로벌 정책 관리 책임자인 모니카 비커트 Monika Bickert를 인터뷰했습니다. 비커트는 "뉴스 피드에서 이 영상을 보고 있는 사람, 다른 누군가에게 공유하려는 사람, 이미 공유한 사람은 모두 이것이 가짜 영상이라는 경고를 받았습니다"라고 말했습니다.[17] 하지만 왜 페이스북은 그 영상을 삭제하지 않는지 묻는 질문에는 제대로 된 답을 내놓지 못했습니다.

저는 페이스북이 영상을 삭제하지 않은 이유가 '조회 수'라고 생각합니다. 해당 영상을 보기 위해 수백만 명이 페이스북으로 유입되었고, 그에 따라 폭발적인 조회 수를 기록했기 때문이죠. 몇 주 뒤 영상은 결국 소리소문 없이 사라졌지만, 이미 엄청난 조회 수를 기록한 뒤였습니다. 인터뷰 후반, 쿠퍼는 다음과 같이 말했습니다.

"진짜와 가짜를 구별하는 게 쉬운 일이 아니라는 건 알겠습니다. 하지만 페이스북이 뉴스 사업으로 돈을 벌고 있는데, 그 일을 제대로 하지 못한다면 뉴스 사업에서 손을 떼야 하는 게 맞지 않겠습니까?"

이에 대한 비커트의 답변은 또 한 번 논란이 되었습니다.

"우리는 뉴스 사업을 하는 게 아닙니다. 소셜 미디어 사업을 하고 있죠."

미국의 성인 중 페이스북을 통해 뉴스를 접하는 사람은 43%에 달합니다.[18] 이들에게 비커트의 대답이 과연 어떻게 들릴까요? 소셜 미디어에서 진짜와 가짜를 구별하지 못하는 것은 우려할 만한 일입니다. 펠로시 사건에서 나타나듯, 가짜 뉴스가 유통되면 그 파급 효과는 소셜 미디어를 넘어 정치 및 사회적으로도 영향을 미칠 수 있기 때문이죠.

SNS는 어떻게 바뀔까? ····

여론은 흔들리고 있습니다. 사람들도 가상의 세계를 여행하는 게 마냥 즐거운 일만은 아니라는 걸 깨닫기 시작했죠. 저는 애틀랜틱지에서 이 상황을 완벽하게 요약한 기사를 읽었습니다. 기사 중에는 이런 내용이 있었습니다.

이것은 친구와 가짜 친구가 만들어 낸 정체성의 미로를 헤매며, 우리가 우리 자신의 어떤 부분을 계획해야 하는지, 누가 그것을 들어줄 것이며, 그들이 듣게 될 이야기는 무엇인지 알아내려 애쓰는 외로운 일이다.[19]

'좋아요'와 팔로워 수를 최대한 늘리기 위해 만들어진 SNS 속 페르소나는 실제의 페르소나와 다릅니다. 사용자들이 고도로 선별된 온라인 콘텐츠에 점점 환멸을 느끼기 시작하자, 플랫폼도 이러한 변화에 발맞춰 나가고 있습니다. 만약 앱 개발자들이 사용자의 심리 변화를 감지하고, 검은 유혹을 뿌리칠 수 있다면 미래의 소셜 미디어는 지금과 다른 모습일지도 모르겠습니다. 저는 앞으로도 얼마간은 더욱 긴밀한 유대를 형성하는 사용자 간 커뮤니케이션 플랫폼의 성장이 이어지리라 생각합니다. 무언가를 보여 주어야 한다는 사회적 압박에서 벗어나게 해 주는 '스토리'와 같은 기능도 꾸준히 사용자들의 지지를 받을 것입니다.

사람들은 점점 화면 속 피상적인 관계로 점철되고, 현실 속 교류는 없는 인생이 무의미하다고 여기고 있습니다. 그래서 저는 개발자들이 사용자의 진화하는 요구를 플랫폼에 반영하는 것은 긍정적인 변화라고 생각합니다. 또한 사생활 보호와 메신저 서비스가 소셜 미디어의 미래가 될 것으로 보입니다. 마크 저커버그는 2019년 3월 6일자 게시물에서 다음과 같이 밝혔죠.

인터넷의 미래에 대해 생각해 보면, 저는 사적인 커뮤니케이션 플랫폼이 오늘날의 개방형 플랫폼보다 훨씬 더 중요해질 것으로 생각합니다. 메신저와 왓츠앱의 미래 버전이 페이스북에서 사람들이 소통하는 주요 수단이 될 것으로 기대합니다.[20]

페이스북이 개방성과 데이터 수집, 공유에 중점을 둔 플랫폼이라는 점을 감안하면, 사생활 보호를 지향하는 플랫폼으로 전환하겠다는 페이스북의 계획을 대중이 신뢰할지는 미지수입니다. 계속 이야기해 왔듯이, 소셜 미디어 플랫폼이 사용자의 니즈를 반영하려는 이유는 사용자의 정신 건강이나 사회적 참여의 질을 향상하려는 이타적인 이유 때문이 아닙니다. 새로운 기능이나 변화는 모두 사용자를 그 플랫폼에 계속 붙들어 놓기 위해 고안된 장치에 불과하죠. 그렇다면 이들이 우리를 그토록 붙잡고 싶어 하는 이유는 무엇일까요? 소셜 미디어 플랫폼은 사용자들의 관심을 기반으로 막대한 이윤을 남깁니다. 다음 장에서 그 배경에 대해 알아보겠습니다.

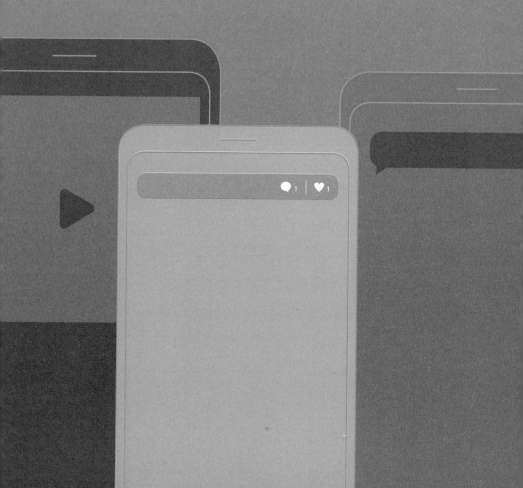

4장

조종당하는
인간 화폐

많으면 많을수록

기술 그리고 마술 · · · ·

어린 시절, 그러니까 기술 분야의 전문가가 되기 훨씬 전에 트리스탄 해리스Tristan Harris는 꼬마 마술사였습니다. 그는 자신의 웹 사이트에 올린 글에서 마술과 기술 두 분야가 크게 다르지 않다고 설명합니다.

마술사는 인간의 의식의 사각지대, 가장자리, 취약성, 그리고 한계를 찾는 데서 출발합니다. 이를 통해 사람들이 깨닫지 못하는 사이에 그들에게 영향을 미칠 수 있죠. 사람들의 의식을 조종하는 방법

을 알게 되면 그들을 마치 피아노처럼 연주할 수 있게 됩니다.[1]

소셜 미디어 산업이 교묘한 속임수로 우리의 뇌를 속이고 있다고 생각하는 건 해리스뿐만이 아닙니다. 앞서 언급한 바와 같이, 인기 있는 플랫폼을 만든 개발자들은 도파민 분비가 계속해서 피드를 확인하려는 강박적인 행동을 부추긴다는 것을 잘 알고 있습니다. 많은 CEO들이 공개적으로 밝히고 있는 사실이기도 하죠. 그렇다면 우리는 궁금해집니다. 왜 사용자의 충동과 강박을 유도하는 방식으로 플랫폼을 만든 걸까? 왜 우리의 뇌를 해킹하기 위한 디자인을 한 걸까?

대부분의 경우, 인간은 돈을 따라 움직입니다. 거대한 플랫폼에서 돈은 단순히 달러와 센트만을 의미하지 않습니다. 이들 플랫폼은 우리가 아주 잘 알고 있는 화폐로 거래하죠. 일간 활성 사용자 수, 또는 월간 활성 사용자 수… 바로 여러분과 저라는 화폐로 말입니다.

기업의 가치를 결정하는 것 ····

앞서 우리는 스냅챗에 대해, 그리고 스냅챗이 콘텐츠의 비영속성을 이용해 가입자 수 1억 5000만 명을 달성한 배경에 대해 알아보았습니다. 하지만 여러분이 스냅챗을 이용하는 매분, 스냅챗에 비용이 발생한다는 사실을 알고 계셨나요? 2016년부터 2018년까지 스냅챗의 손실은 52억 달러에 달했습니다. 2017년에만 34억 달러 이상의 손해를 봤죠. 하지만 2019년 5월 말, 스냅챗의 기업 가치는 160억 달러에 이르렀습니다.(기업 공개 첫날 약 280억 달러를 기록한 시가 총액에는 한참 못 미치는 수준입니다.) 이와 마찬가지로 트위터도 기업 공개 이후 2013년 말까지 매년 손실을 기록하다, 2018년에 흑자로 돌아섰습니다. 초기에는 수익이 부진했지만 2019년 5월 말, 트위터의 기업 가치는 280억 달러 수준으로 평가되었죠.

초반에 막대한 손실을 기록했음에도, 이들의 기업 가치가 높은 까닭은 무엇일까요? 간단합니다. 플랫폼에 접속하고 피드에 각종 콘텐츠를 올리는 여러분과 저, 그리고 다른 모든 이용자 덕분이죠. 기업의 가치 평가는 기업의 미래 전망과 수익성에 대한 투자자들의 기대 심리에 근거해 이루어집니다. 스냅챗과 트위터는 막대한 손실을 보았는데도 기업 가치를 상당히 높게 평가받았습니다. 투자자들은 플랫폼의 사용자 수가 곧 수익을 의미한다고 믿기 때문입니다. 이를 설명하는 단어가 바로 수익화monetization입니다. 실리콘밸리의 기업들을 설명할 때 자주 등장하는 단어죠.

투자자들은 폭넓은 사용자층을 가진 소셜 미디어 기업들이 결국 사용자들을 통해 수익을 낼 것이라고 기대합니다. 이것이 각종 지표를 통한 객관적인 예측보다 더 높게 기업의 가치를 평가하는 이유죠. 이들은 플랫폼의 사용자층이 담보하는 미래의 수익 잠재력을 보는 것입니다.

트위터는 결국 사용자들을 통해 막대한 광고 수익을 올리고, 2018

년 120억 달러를 벌어들이며 흑자 전환에 성공했습니다. 투자자들의 기대가 그대로 현실이 된 것이죠. 페이스북과 구글(정확히는 알파벳의 자회사)은 얘기가 조금 다릅니다. 두 기업 모두 기업 공개 이후 현재까지 쭉 흑자를 기록해왔기 때문이죠. 페이스북은 2012년 5월에, 알파벳은 2004년 8월에 각각 기업 공개를 추진했습니다. 이후 초기 몇 년 간은 두 기업의 이익 증가세가 그리 두드러지지 않았지만, 수년 동안 지속적인 증가세를 보였습니다. 그렇다 해도 구글과 페이스북은 기업 가치 면에서 다른 기업에 비해 상대적으로 월등히 높은 평가를 받고 있는 것이 사실입니다. 왜 그럴까요? 맞습니다. 일간 및 월간 활성 사용자 수가 엄청나기 때문이죠.

소셜 미디어, 월가를 만나다 · · · ·

사용자 데이터를 통해 얻을 수 있는 가치는 매우 많습니다. 시장에서 소셜 미디어 플랫폼의 가치를 측정할 때에는 이들의 수익성을 평가하는 것은 물론, 일간 및 월간 활성 사용자 수를 집계해 반영합니다. 스냅챗과 트위터의 사례에서 알 수 있듯이, 높은 수익만이 높은 기업 가치의 전제 조건은 아닙니다. 여러분이 특정 플랫폼을 이용하면 그 기업의 가치는 높아집니다. 여러분의 참여로 기업의 사용자 데이터가 축적되기 때문이죠. 사용자 수가 많은 플랫폼은 방대한 양의 고객 데이터를 축적하고 있기 때문에, 투자자들의 눈에는 수익성 있는 소셜 미디어 플랫폼이 일반 기업들보다 훨씬 더 높은 가치가 있다고 여겨지는 겁니다.

주가수익비율PER은 시장과 투자자들이 기업의 가치를 평가하는 단순한 척도입니다. 재무 분석가가 기업의 가치를 평가할 때 주가수익비율을 유일한 척도로 사용하는 것은 아니지만, 상대적 가치를 비교할 때는 큰 도움이 됩니다. 간단히 말해, 주가수익률이 높다는 것은 투자 집단이 해당 기업의 미래 전망이나 수익성에 더 높은 기대를 걸었다는 것을 의미하죠.

페이스북과 구글은 전통적으로 S&P 500 상장 기업의 주가수익비율을 훨씬 상회합니다. S&P 500은 500개의 대표 종목을 대상으로 발표하는 주가지수로, 전반적인 증시를 보여주는 척도입니다. 최근 몇 년간 페이스북의 주가수익비율은 S&P 500의 주가수익비율보다 다섯 배 이상 높았으며, 구글은 두 배 이상 높았습니다. 간단히 말하면, 이는 페이스북과 구글의 기업 가치가 '평균적인' 기업들보다 훨씬 더 높다는 것을 의미합니다. 투자자들은 엄청난 사용자 수를 가진 페이스북과 구글에 타 기업보다 높은 프리미엄을 붙여 줍니다. 기업의 높은 미래 가치는 그들이 가진 모든 데이터로부터 나온다고 믿기 때문이죠.

무의미한 벌금 ....

소셜 미디어 플랫폼이 방대한 사용자 데이터를 수집함으로써 수반되는 위험 중 하나는 보안이나 스캔들 관련 문제가 발생했을 때, 사생활 침해에 취약하다는 점입니다. 이것은 미래의 문제가 아닌, 지금 현재의 문제입니다. 페이스북은 2019년 1분기 실적 발표 당시, 사생활 침해 및 개인 정보 유출 사건과 관련해 FTC연방거래위원회에 과징금을 납부하게 될 가능성이 있다며 이에 대비해 30억 달러의 예비비를 설정했다고 밝혔습니다.

물론 미결된 벌금으로 인해 기업의 수익이 줄긴 했지만, 보안 침해에 관한 우려가 기업의 가치 평가에 미치는 영향은 얼마나 될까요? 그다지 큰 영향을 미치는 것 같지는 않습니다. 페이스북의 월간 활성 사용자 수는 23억 8000만 명으로 2018년 동기 대비 8% 상승했고, 1분기 매출은 전년 동기 대비 26% 증가한 150억 8000만 달러를 기록했습니다. FTC의 과징금 30억 달러를 예비비로 측정한 결과, 주당 순이익은 0.85달러로, 시장 예상치인 1.63달러에 미치지 못했습니다. 그러나 과징금을 비용으로 산정하기 전의 주당 순이익은 1.89달러에 달하죠.[2] 페이스북은 실적 발표에서 다음과 같이 밝혔습니다.

2019년 1분기, FTC의 과징금 부과에 대비해 30억 달러를 별도의 비용으로 배정했습니다. 과징금은 30억 달러에서 50억 달러 사이가 될 것으로 예상합니다. FTC 조사 문제는 아직 해결되지 않았으며, 최종

결과의 시기나 조건에 대해서는 아직 말할 수 없는 단계입니다.[3]

요약하자면 페이스북이 개인 정보 유출 논란으로 30억 달러에서 50억 달러를 벌금으로 지출할 수도 있다고 발표했음에도, 1분기 실적이 매우 양호하게 나타났다는 것입니다. 그렇다면 시장은 개인 정보 유출 논란이 계속되는 페이스북에 징벌적 조처를 내릴까요, 아니면 양호한 실적에 대한 보상을 내릴까요? 시장은 후자를 택했습니다. 실적 발표 당일, 페이스북의 주가가 8.3% 폭등한 것입니다. 매출 증가에 따른 주가 상승이었으며, 과징금 관련 악재는 주가 상승에 영향을 미치지 않았죠. 주가 상승으로 페이스북의 기업 가치도 300억 달러 이상 상승했습니다.[4]

대국적으로 보면 이는 꽤 걱정스러운 일입니다. FTC 과징금이 30억~50억 달러에 달할 것으로 예상되지만, 이러한 악재가 있는데도 시가총액이 300억 달러를 넘어선다면 페이스북에게는 개인 정보 유출과 같은 행위를 멈출 이유가 없습니다. 약간의 과징금을 내고 어마어마한 수익을 거두는 거래를 계속 해 나가겠죠. 스콧 갤러웨이Scott Galloway와 카라 스위셔Kara Swisher는 그들의 팟캐스트 방송을 통해 페이스북의 과징금에 대해 일리 있는 이야기를 합니다.

"페이스북 같은 기업에 과징금은 주차 위반 딱지와 별반 다르지 않습니다. 앞으로도 비슷한 행위를 반복하지 않을 이유가 없죠."[5]

기업 가치의 활용 . . . .

우리는 이제, 이용자의 수가 곧 소셜 미디어 기업의 가치라는 점을 알게 되었습니다. 수익성은 훌륭한 지표입니다. 하지만 소셜 미디어 기업의 가치가 높은 수익성에서만 나오는 것은 아니죠. 그렇다면 소셜 미디어 기업에 이러한 가치는 무엇을 의미하고, 가치를 통해 이들이 할 수 있는 일은 무엇일까요?

투자자들이 일반적인 다른 기업들에 비해 페이스북과 같은 소셜 미디어 기업에 더 높은 가치를 준다면, 이들은 값싼 자본을 이용할 수 있게 됩니다. 값싼 자본을 이용할 수 있다는 것은 이들이 다른 기업보다 더 쉽고 더 저렴하게 펀드를 조성할 수 있다는 걸 의미하죠. 엄청난 경쟁 우위를 점하게 되는 것입니다. 그러면 값싼 자본을 통해 기업은 자사와 자사의 제품에 다시 투자하거나, 다른 기업을 인수함으로써 기업의 성장을 도모할 수 있습니다.

기업 인수는 소셜 미디어 기업의 성장에 있어 매우 중요한 부분을 차지합니다. 다른 플랫폼을 인수함으로써 소셜 미디어 기업은 그들의 영향력을 키울 수 있죠. 어떤 경우에는 인수한 플랫폼을 독립적으로 운영하기도 합니다. 또한 신규 사용자 수를 늘리기 위해 인수한 기업을 기존 플랫폼으로 통합시키기도 하죠. 어느 쪽이든, 기업은 인수를 통해 더욱 심도 있는 사용자 정보를 수집하고, 그것을 광고 목적으로 사용할 수 있게 됩니다. 여러분의 이해를 돕기 위해, 페이스북을 예로 들겠습니다. 최근 몇 년간 페이스북은 높은 기업 가치를 이용해 저리 융자로 자본을 조달받고, 그를 통해 엄청난 성장을 이루었습니다.

페이스북의 괴물 같은 성장　. . . .

우리는 지금까지 폭넓은 사용자층과 수익성이라는 두 마리 토끼를 다 잡은 소셜 미디어 기업, 페이스북의 가치에 대해 이야기했습니다. 페이스북이 보통의 기업들 보다 훨씬 더 높은 가치를 가진 기업으로 평가받는다는 사실도 알게 됐죠. 그렇다면 페이스북은 그 가치를 어떻게 활용했을까요? 2010년대 초반, 페이스북은 중요한 두 건의 인수를 진행합니다. 이 인수가 이루어지지 않았다면 페이스북의 현재 모습을 기대하기는 어려웠을 겁니다.

2012년 4월, 기업 공개를 앞두고 페이스북은 사용자 간 사진 공유 애플리케이션인 인스타그램을 10억 달러에 인수합니다. 인수 당시, 인스타그램의 월간 활성 사용자 수는 약 3000만 명이었죠.[6] (당시 페이스북의 월간 활성 사용자 수는 약 9억 명이었습니다.)[7] 그 후 2014년 2월, 페이스북은 또 한 건의 중요한 인수를 체결합니다. 왓츠앱이라는 메신저 플랫폼을 190억 달러에 사들인 것이죠. 인수 당시, 왓츠앱은 약 4억 5000만 명[8], 페이스북은 약 120억 명[9]의 월간 활성 사용자 수를 기록하고 있었습니다.

페이스북의 기업 인수는 여기에서 그치지 않았습니다. 페이스북은 창립 이후 약 80개의 회사를 인수했습니다. 물론 인스타그램과 왓츠앱이 가장 의미 있는 인수 계약이었다는 데에는 저도 이견이 없습니다. 2018년 중반, 블룸버그는 독립 회사로서의 인스타그램의 기업 가치가 1000억 달러 이상일 것으로 내다봤습니다.[10] 이는 인수 금액보다 100배 높은 가치죠. 또한 마크 저커버그는 2017년 말, 왓츠앱의 월간 활성 사용자 수가 인수 시점보다 3.3배 이상 증가해 15억 명으로 늘었다고 밝혔습니다.[11]

다음 장에서 자세히 다루겠지만, 페이스북은 지속적으로 사용자의 이메일 주소나 전화번호와 같은 개인 정보를 이용해 왔습니다. 하나 이상의 플랫폼을 사용하는 이들의 사용자 프로필을 통합하기 위해서였습니다. 페이스북, 인스타그램, 왓츠앱의 사용자 정보를 통합함으로써 페이스북은 더욱 상세한 개인 정보를 광고주에게 제공해 줄 수 있게 되었죠. 그리고 상세한 사용자 정보는 더 정밀한 맞춤형 광고를 가능하게 합니다.

2019년 초, 마크 저커버그는 왓츠앱과 페이스북 메신저, 인스타그램 메신저의 통합 계획을 발표했습니다. 서비스 통합을 통해 문자, 사진, 동영상, 음성 메시지, 문서, 첨부 파일, 전화 기록 등 사용자의 모든 개인 정보를 암호화할 계획이라고 밝혔죠.

뉴욕타임스는 '세 가지 메신저 서비스를 통합하면 사용자가 26억 명에 달하는 세계 최대의 메신저 망이 탄생해, 최초로 플랫폼 간 의 사소통이 가능해진다'고 밝혔습니다.[12] 뉴욕타임스의 기사도 일리가 있긴 하지만, 메신저 서비스를 통합하면 사용자의 개인 정보가 축적되는 것은 물론, 여러 플랫폼의 사용자 데이터가 통합되므로 상당한 주의를 기울여야 합니다. 데이터를 독립적으로 유지하고 싶어 하는 사용자들은 선택권이 없죠. 그뿐만 아니라 앞으로 개인 정보 유출이나 데이터 공유와 관련된 사건이 얼마든지 불거질 수 있습니다. 뉴욕타임스는 페이스북의 메신저 서비스 통합이 페이스북 사용자들에게 무엇을 의미하는지 다음과 같이 분석했습니다.

> 이번 통합 계획은 수십억 명의 사람들이 앱을 통해 서로 소통하는 방식을 재정립하는 동시에, 페이스북 사용자에 대한 지배력 강화, 독점 금지, 사생활, 보안 관련 문제를 제기할 가능성이 있다. 또한 저커버그가 이들 플랫폼을 인수할 당시 플랫폼의 독립적인 운영을 약속했지만, 그것을 어기고 자신의 권한을 행사하고 있음을 보여 준다.

메신저 서비스 통합 계획은 페이스북 내에서도 그다지 지지를 얻지 못했습니다. 왓츠앱의 공동 창립자인 얀 쿰Jan Koum이 세간의 이목을 끌며 페이스북을 떠난 뒤, 인스타그램의 공동 창립자인 케빈 시스트롬과 마이크 크리거Mike Krieger도 2018년 말 페이스북을 떠났죠. 그러자 세 명의 대표가 플랫폼 통합과 그로 인한 데이터 프라이버시 문제에 대해 우려하고 있었다는 관측이 나왔습니다.

페이스북은 주요 인수를 거치며 기업의 규모와 가치를 이용해 지속적으로 성장을 가속화하고 있습니다. 페이스북의 메신저 서비스 통합 계획은 앞으로 수개월, 수년 동안 각종 논의의 주제가 될 겁니다. 페이스북의 독점을 우려해, 기업을 분리하라는 목소리가 커지고 있기 때문입니다. 하지만 이러한 상황을 바탕으로, 페이스북이 거대 기업으로 몸집을 불릴 수 있었다는 사실은 반박할 수 없습니다. 2019년 5월 말, 페이스북의 기업 가치는 5000억 달러 이상으로 평가받았습니다. 기업 공개 전인 2012년, 1040억 달러로 평가받던 것에서 큰 폭으로 성장했죠.

윤리보다 중요한 것 　· · · ·

거대한 소셜 미디어 기업들은 도덕이나 윤리보다는 사용자 수를 더욱 중요시합니다. 이 사실이 시사하는 바는 무엇일까요? 엄청난 수의 사용자를 가진다는 것은 엄청난 기업 가치를 의미합니다. 일반 기업보다 이들 플랫폼을 더 가치 있게 만드는 것이 바로 사용자들이죠. 플랫폼은 그 가치를 이용해 성장을 가속화하고 기업의 영향력을 빠르게 강화합니다.

일간 및 월간 활성 사용자로 대변되는 플랫폼의 사용자 수는 기업의 가치가 됩니다. 기업이 무슨 수를 써서라도 사용자 수를 늘리고, 이들을 붙들어야 할 이유죠. 하지만 이것이 비윤리적인 선택으로 이어지기도 합니다. 가끔씩 우리는 뉴스를 통해 소셜 미디어 기업들이 사용자 수를 늘리기 위해, 또는 사용자 이탈을 막기 위해 어떤 행동을 했는지 알 수 있죠. 그들은 사용자의 도파민 분비를 촉진시켜 플랫폼 접속을 유도하고, 사용자 생성 콘텐츠의 감소를 막기 위해 엄청난 노력을 쏟아붓습니다. 간단히 말해, 이들은 자신의 전략이 윤리적 선을 넘더라도 사용자를 끌어들이기 위한 활동을 멈추지 않는다는 이야기입니다.

지금까지, 우리는 사용자의 강박적인 행동을 야기하는 플랫폼의 기능 자체에 중점을 두고 이야기를 나눴습니다. 지금부터는 우리가 플랫폼에 접속하고 있을 때 어떤 일이 일어나는지에 대해 살펴보겠습니다. 그때가 바로 조작이 가장 활발하게 일어나는 시간이기 때문입니다. 일반적으로 이것은 플랫폼의 고객인 제3자, 즉 광고 회사에 의해 주도됩니다. 소셜 미디어 플랫폼과 광고주는 SNS의 영향력과 타기팅targeting 능력, 그리고 방대한 고객 데이터를 결합해 이전에는 볼 수 없던 방식으로 우리의 행동에 막강한 영향력을 행사합니다.

페이스북과 구글은 세계 최고의 광고 플랫폼으로 거듭났습니다. 전 세계의 사용자 데이터를 장악하고 있기 때문에 가능한 일이죠. 아마존이나 애플을 제외한 다른 기업들이 보유하고 있는 사용자 데이터의 양과는 비교조차 되지 않습니다. 사용자 데이터를 수집하고 이를 통해 제3자인 광고주의 니즈needs를 충족시키는 것, 이것이 바로 소셜 미디어 플랫폼이 사용자를 유치하고 유지하려는 동기입니다.

매일, 매분, 매초 더 많은 사용자 데이터를 수집함으로써 소셜 미디어 기업들은 최고의 광고 플랫폼으로 자리매김하고 있죠. 페이스북과 구글은 광고주들에게 엄청난 수의 시청자를 공급해 줄 수 있습니다. 그뿐만 아니라, 사용자 데이터와 개인 정보를 바탕으로 고객 맞춤형 광고를 게시함으로써, 시청자들은 달가워하지 않으면서도 자기도 모르는 사이에 광고에 현혹됩니다.

단순히 좋은 영업 실적으로 이어지길 기대하며 TV로 광고를 내보내던 시절은 이제 끝났습니다. 과거에는 구매를 고려하는 소비자층이 아닌 모든 사람을 대상으로 광고를 내보낼 수밖에 없었죠. 꽤나 비효율적인 방식이었습니다. 하지만 이제, 광고주들이 페이스북과 구글에 큰 돈을 지불할수록 더 정확한 정보를 얻을 수 있게 되었습니다. 컴퓨터 과학자 재런 러니어는 '알고리즘'에 대해 다음과 같이 이야기했습니다.

알고리즘은 여러분을 미묘하게 조종하고 있습니다. 알고리즘은 여러분이 무엇을 하는지, 여러분의 미디어 피드에는 어떤 변화가 있는지, 여러분의 식습관은 어떠한지 등 여러분에 관한 모든 것을 지켜보고 있습니다. 알고리즘으로 인해 여러분은 숨어 있는 광고주들의 취향에 서서히 물들고 있죠.[13]

다음 장에서 이에 대해 더 자세히 알아보겠습니다.

5장

야수에게
먹이 주기

화면 속의 스토커

광고가 우리를 따라다닌다   ····

몇 해 전, 저는 신형 헤드폰을 눈여겨보고 있었습니다. 하지만 헤드폰도 저를 눈여겨보고 있는 줄은 꿈에도 몰랐죠.

저는 헤드폰 하나를 구매하려고 여러 웹 사이트를 뒤져가며 가격을 비교하는 중이었습니다. 그러던 중, 제가 접속하는 페이지마다 그 헤드폰 광고가 걸려 있다는 것을 깨달았죠. 스포츠 뉴스를 보려고 ESPN 사이트에 들어갔더니, 짠! 그곳에도 여지없이 헤드폰 광고가 걸려 있었습니다. 일기 예보 사이트에 들어갔더니 주간 날씨 예보 위에 헤드폰 광고가 마치 무슨 한랭 전선처럼 걸려 있었죠. 제 인스타그램 피드에도 헤드폰 광고가 있었습니다. 당시에는 저도 어찌 된 일인지 영문을 알지 못했습니다. 하지만 소름 끼치는 일이라는 생각이 들었죠. 헤드폰 광고가 소셜 미디어 플랫폼은 물론, 각종 인터넷 사이트 등 제가 가는 곳이라면 어디든 따라다니며 구매를 부추기고 있었으니까요.

많은 사람들이 웹 서핑 중 특정 제품의 광고가 자신을 따라다니는 듯한 경험을 해 봤을 겁니다. 이것은 신기한 우연이 아니라, 의도적인 마케팅입니다. 제가 이미 헤드폰에 관심을 보였으니, 저에게 구매를 부추기는 겁니다. 일종의 구매 압박이죠. 디지털 마케팅에서는 이러한 형태의 미묘한 기술을 전환conversion이라고 부릅니다. 그리고 이 모든 것을 가능하게 하는 것은 바로 알고리즘이죠. 알고리즘은 놀라우리만큼 복잡하며 효과적입니다.

헤드폰의 경우, 저는 애초에 그 제품을 찾아봤으므로 헤드폰 회사는 제가 그들의 상품에 관심이 있다는 사실을 이미 알고 있었죠. 그렇다면 제가 모르는 브랜드나 상품의 경우, 이들은 어떤 방식으로 저에게 광고를 보여 주고 구매를 유도할까요? 광고의 효과를 극대화하려면 광고주는 소비자가 어떤 상품에, 혹은 어떤 분야에 관심이 있는지 파악해야 합니다. 이들은 과연 그 정보를 어디에서 얻을까요? 사실상 거의 모든 기업이 자사의 웹 사이트에 접속한 사람들의 행동을 추적하지만, 이들 중 다수가 구글과 페이스북을 통해 광고를 내보냅니다. 구글과 페이스북은 그들이 수집한 데이터를 통해 기업이 고객 맞춤형 광고를 내보낼 수 있도록 해 주기 때문이죠. 여러분이 콘텐츠에 참여하고, 친구들이 달아놓은 링크를 클릭하고, 코멘트를 남김으로써 소셜 미디어 플랫폼은 여러분이 누구와 연결되어 있으며, 어떤 방식으로 시간과 돈을 쓰는지, 어떤 브랜드를 좋아하는지 정보를 수집할 수 있습니다.

바로 이러한 점 때문에 소셜 미디어의 중독성은 그들의 진정한 고객인 광고주의 니즈를 충족시키는 수단이 됩니다. 광고를 의뢰하는 기업들은 사용자가 많을 뿐만 아니라, 방대한 데이터까지 보유하고 있는 소셜 미디어 플랫폼에 관심이 많죠. 그래야만 적시적기에 알맞은 광고를 내걸어 효율적으로 소비자를 공략할 수 있기 때문입니다.

광고주는 우리가 그들의 광고에 반응하기를 바라며 미묘한 압력을 행사합니다. 이들이 원하는 것은 클릭과 구매, 그리고 '좋아요'죠. 대규모 플랫폼들은 엄청난 양의 사용자 데이터와 개인 정보를 가지고 있기 때문에, 이를 이용해 맞춤형 광고를 띄울 경우 사용자들의 구매 가능성은 상당히 높아집니다. 즉, 알고리즘은 우리가 플랫폼에서 하는 모든 행동을 추적하고, 가장 큰 관심을 보일 법한 기업의 광고주에게 우리의 정보를 제공하는 겁니다.

앞서 소셜 미디어 플랫폼이 사용자를 모으기 위해 개발한 기능에 대해서 이야기한 바 있습니다. 궁극적으로 기업이 원하는 것은 광고를 본 우리의 참여입니다. 이를 위해 배후의 광고주들은 우리를 조종하고, 반응을 끌어내기 위해 애쓰죠. 결과적으로 페이스북과 구글은 세계 최고의 광고 플랫폼이 되었습니다. 광고는 돈벌이가 되는 대형 사업입니다. 페이스북은 2018년 한 해 동안에만 550억 달러 이상의 광고 수익을 벌어들였습니다.[1] 구글의 2018년 광고 수익은 무려 1180억 달러 이상에 달했죠.[2] 같은 해, 트위터와 스냅챗도 각각 26

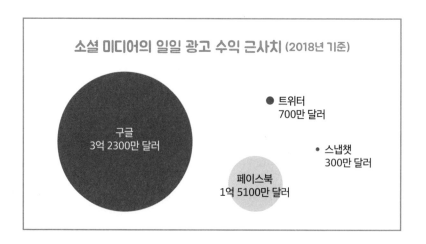

소셜 미디어의 일일 광고 수익 근사치 (2018년 기준)

구글
3억 2300만 달러

● 트위터
700만 달러

● 스냅챗
300만 달러

페이스북
1억 5100만 달러

억 달러[3], 12억 달러의 엄청난 광고 수익을 올렸습니다. (스냅챗의 연간 보고서에 따르면 스냅챗 수익의 99%는 광고주들에게서 나온다고 합니다.)[4]

우리는 SNS의 자유로움과 편리함을 좋아합니다. 하지만 그들이 수집하는 데이터에 숨겨진 비용과, 사용자의 참여에 기대어 이득을 보는 집단의 존재를 깨닫는 것은 상당히 중요합니다.

여기서 힌트, 만약 이용하는 상품의 대가를 치르지 않는다면 여러분이 그 대가입니다.

알고리즘의 비밀 · · · ·

여러분이 바로 소셜 미디어의 가치입니다. 여러분의 행동과 관심이 곧 가치가 되는 것이죠. 관심이 가는 것을 클릭하는 즉시, 여러분은 소셜 미디어 플랫폼에 시장 동향과 구매 동기 등에 관한 정보를 제공하게 됩니다. 플랫폼의 목표는 연결 고리를 확장해 가능한 많은 사용자가 접점touchpoint을 공유하고, 구매로 이어질 가능성이 가장 높은 광고를 각각의 사용자에게 보여 주는 것입니다.

사실, 이는 상대적으로 간단한 문제입니다. 소셜 미디어 플랫폼은 사용자 없이는 성공할 수 없고 여러분을 필요로 합니다. 그래서 이들은 보상 체계를 이용해 자신이 원하는 방식으로 여러분을 조종하죠. 플랫폼은 본질적으로 광고판에 해당합니다. 이들은 지속적으로 여러분의 관심사에 맞춰 콘텐츠를 분류·배포하고 수정합니다. 플랫폼의 광고 공간을 구매하는 기업들은 여러분이 관심을 가질 만한 콘텐츠로 맞춤형 광고를 선보입니다.

그리고 이 모든 것은 알고리즘을 통해 이루어집니다. 알고리즘에 대해 간단히 설명해 볼까요? 알고리즘의 실행은 누군가와 함께 볼 영화를 고르는 일과 비슷합니다. 저와 아내가 처음으로 데이트하던 날, 저는 아내에 대해 아는 것이 별로 없었습니다. 그래서 저는 고심 끝에 로맨틱 코미디 장르의 '안전한' 영화를 한 편 골랐죠. 만남을 이어 오다 결혼에 골인한 저는 그동안 아내에 대한 방대한 데이터를 모았습니다. 이제 저는 아내가 좋아할 만한 영화를 더 잘 고를 수 있게 된 겁니다. 만약 영화를 보기로 한다면, 저는 아마 현재 극장에서 상영 중인 영화 목록을 가장 먼저 살펴볼 겁니다. 그런 다음, 집에서 영화를 보는 선택지도 고려해 VOD 영화 목록까지 살펴볼 겁니다.

그리고 최종 결정을 앞두고 의사 결정 과정에서 사용할 수 있는 데이터를 모두 끌어모을 겁니다. 아내가 좋아하는 장르는 드라마일까, 액션일까, 공포일까? 이번 주에는 무슨 일이 있었지? 아내가 강렬한 영화를 원할까, 아니면 마음 편히 웃을 수 있는 영화를 원할까? 마지막으로 본 영화가 뭐였더라? 아내가 보고 싶다고 말한 영화가 있었나? 우리에게 영화를 추천한 친구가 있었나?

이것이 바로 소셜 미디어가 여러분의 피드를 파악하는 방식입니다. 소셜 미디어는 여러분에 대해 파악할 수 있는 정보를 모으고 또 모읍니다. 그리고 여기서, 정보의 최신성은 매우 중요합니다. 소셜 미디어 활동이 잦을수록 여러분은 더 새롭고 많은 정보를 제공하는 셈이 됩니다. 그리고 여러분에 대한 이해도가 높아질수록, 소셜 미디어 플랫폼은 여러분이 반응을 보일 만한 이야기, 기사, 광고를 여러분 앞에 내놓을 가능성이 높아지죠.

이것이 바로 여러분의 관심을 끌기 위해 많은 시간과 돈, 노력을 들이는 이유입니다. 이들은 여러분의 마음에 쏙 들 만한 영화를 골라 주고 싶어 하죠. 뉴욕대학교 스턴 경영 대학의 마케팅학 교수인 스콧 갤러웨이Scott Galloway는 알고리즘을 '벤자민 버튼' 시스템이라고 부

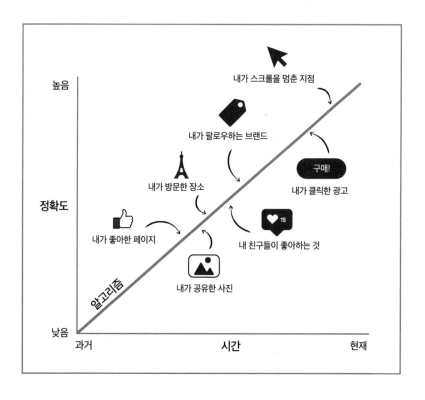

릅니다. 브래드 피트 주연의 영화 〈벤자민∙버튼의 시간은 거꾸로 간 다〉에서 아이디어를 얻었죠. 영화는 노인의 모습으로 태어난 사내아이가 시간이 지날수록 젊어진다는 내용을 담고 있습니다. 가트너에 기고한 글에서 그는 노화가 역방향으로 진행되는 벤자민 버튼이 소셜 미디어의 맥락에서는 '사용할수록 향상되는 알고리즘'을 뜻한다고 말합니다.[5] 여러분이 구글 검색을 이용할 때마다 알고리즘의 능력은 향상되죠. 페이스북에 로그인할 때마다, 트위터에서 리트윗을 할 때마다, 스포티파이Spotify에서 추천하는 플레이리스트를 선택할 때마다, 알고리즘은 점점 더 효과적으로 여러분에게 맞춤형 콘텐츠를 제공합니다.

콘텐츠에 더 많이 관여할수록, 알고리즘은 여러분의 취향과 행동, 소비 습관을 정확하게 파악합니다. 재런 러니어는 자신의 저서 《지금 당장 당신의 SNS 계정을 삭제해야 할 10가지 이유》에서 알고리즘이 다양한 보상 체계를 통해 도파민 분비에 어떤 영향을 미치는지 이야기합니다.

알고리즘은 뇌를 조종할 완벽한 매개 변수를 포착하려 하고, 뇌는 더 심오한 의미를 탐구하기 위해 알고리즘의 테스트에 반응해 변화하려 합니다. 알고리즘에서 비롯된 자극은 아무런 의미가 없기 때문에, 또 알고리즘은 완전히 무작위적이기 때문에, 뇌는 어떤 실제적인 것에 반응하고 있는 것이 아니라 허구에 반응하고 있는 것이죠. 수수께끼 같은 신기루에 빠져드는 이 과정이 바로 중독입니다.[6]

알고리즘이 여러분의 발목을 잡는 데 성공하면서, 소셜 미디어의 영향력은 더욱 커지고 있습니다. 아마 한 번쯤은 페이스북 로그인을 통해 기타 웹 사이트로 접속해 본 적이 있을 거예요. 하나의 플랫폼을 통해 다른 사이트나 서비스로 접속할 때마다, 소셜 미디어 플랫폼은 여러분이 다른 사이트에서 어떤 행동을 하는지 파악할 권한을 갖게 됩니다.

소셜 미디어 플랫폼의 궁극적인 목표는 더 많은 사람, 더 많은 접점 그리고 결국 더 많은 데이터를 확보해 그들만의 생태계를 키워 나가는 것입니다. 여러분이 이미 보신 것처럼, 이들은 인간의 기본적인 행동과 도파민을 이용해 중독과 참여를 유도하죠. 이들은 사용자가 더 많은 항목을 클릭하도록 유도하면서, 더 많은 데이터를 남기도록 합니다.

무엇이 가장 위로 올라갈까?

2016년 6월, 인스타그램은 게재된 시간순으로 피드를 보여 주던 방식에서, 알고리즘에 기반을 두는 방식으로 피드 노출 방식에 변화를 주었습니다. 이 단순한 변화를 통해 인스타그램은 더욱 큰 관심을 얻었고, 사용자의 선호도 데이터를 활용해 마케팅에 들어가는 노력도 간소화할 수 있었습니다. 시간순으로 피드를 보여 주는 기존 방식의 경우, 가장 최근 게시물이 최상위에 노출되었습니다. 하지만 인스타그램을 인수했던 페이스북의 관점에서 보면 이 방식에는 문제가 있었죠. '최신 게시물이 가장 재미있는 게시물이 아니라면?'과 같은 의문이 생긴 겁니다. 사용자가 흥미를 잃고 앱을 삭제하면 그 즉시 플랫폼은 더 많은 데이터를 수집할 기회를 놓치게 되니까요.

시간순 정렬 방식에서는, 사용자들이 큰 관심을 보일 만한 게시물도 스무 번째 게시물이 되어 묻혀 버릴 가능성이 있었습니다. 하루나 이틀 정도 앱을 열지 않으면, 사용자의 흥미를 끌 만한 게시물은 더더욱 밑으로 내려가 버리죠. 사용자의 참여를 운에 맡겨야 하는 상황이 되는 겁니다. 하지만 기억하세요. 여러분의 참여 없이, 플랫폼은 가치를 창출할 수 없습니다.

인스타그램과 페이스북은 피드의 순서를 결정하기 위해 몇 가지 기준을 적용합니다. 인스타그램은 여러분의 기존 행동에 근거를 두고 여러분이 관심을 보일 것 같은 게시물을 먼저 보여 준 뒤, 최신 피드를 보여 줍니다. 그다음으로는, 관계의 친밀도를 반영해 피드를 노출시키죠.[7]

페이스북의 뉴스 피드 부문 대표를 역임하고 인스타그램의 CEO가 된 아담 모세리는 '페이스북의 뉴스 피드 순위는 어떻게 작동하나?'[8]라는 영상에서 플랫폼의 알고리즘에 대해 명쾌하게 설명했습니다. 그는 페이스북의 알고리즘이 다음의 순서로 피드 노출 순서를 결정한다고 이야기합니다.

1. 재고 – 사용자가 보지 않은 모든 뉴스
2. 신호 – 사용 가능한 정보 (게시 시점은 언제인지, 누가 게시했는지, 휴대폰에 어떤 신호가 뜨는지)
3. 예측 – 사용자가 댓글을 달거나 공유하거나 숨길 가능성

이 모든 것의 관련도를 파악해 점수를 계산합니다. 그리고 알고리즘이 사용자의 관심사에 가장 적합하다고 판단하는 순으로 게시물이 정렬되죠.

지금까지 살펴본 바와 같이, 플랫폼은 모든 데이터를 총동원해 사용자가 어떤 게시물에 참여할 가능성이 가장 높은지 예측하고 그 결과를 추적합니다. 결국 소셜 미디어의 판도를 바꾼 것은 알고리즘이라 해도 과언이 아니죠. 여러분이 게시물에 '좋아요'를 누르거나 댓글을 달거나 공유한다면 여러분은 자신의 효용 가치를 증명한 셈입니다. 알고리즘은 여러분이 콘텐츠에 참여하면 참여할수록 더욱 향상됩니다. 가장 관련도가 높은 항목을 여러분의 피드 최상위에 노출시키죠. 여러분이 무엇을, 어떤 순서로 볼지는 알고리즘이 결정합니다. 여러분의 호기심을 자극하기 위해서죠.

알고리즘의 영향력은 비단 광고에만 국한되지 않습니다. 소셜 미디어 플랫폼은 우리가 뉴스를 보는 방식마저 변화시켰습니다. 수집한 정보를 통해 여러분에 대해 많은 것을 파악하게 된 소셜 플랫폼은 여러분이 관심을 가질 만한 뉴스를 우선적으로 보여 주죠. 앞서

언급했지만, 미국인들의 소셜 미디어 뉴스 이용 실태를 조사한 결과에 따르면 응답자 중 무려 43%가 페이스북을 통해 뉴스를 접한다고 합니다.[9] 21%는 유튜브에서, 12%는 트위터에서, 8%는 인스타그램에서, 5%는 스냅챗에서 뉴스를 접한다고 하죠.[10] 페이스북, 구글을 비롯한 소셜 플랫폼들은 여러분이 무엇에 관심이 있고 어떤 뉴스를 궁금해하며 무엇을 사고 싶어 하는지 모두 꿰뚫고 있습니다.

사람들은 어디에서 뉴스를 접할까?

페이스북 43%
유튜브 21%
트위터 12%
인스타그램 8%
스냅챗 5%

알고리즘은 '좋아요'를 비롯한 기타 허영 지표를 지향하는 이들을 위해 흥미로운 역학을 만들어 냅니다. 여러분이 만든 콘텐츠가 사람들의 관심을 끌지 못한다면 그 콘텐츠는 피드 상위에 노출될 가능성이 매우 떨어지죠. 상위에 노출되지 못하면 '좋아요'를 받기는 더욱 어려워집니다. 이것은 마치 닭이 먼저냐 달걀이 먼저냐의 문제와 같습니다. '좋아요'를 받지 못하면 노출 순위가 뒤로 밀리고, '좋아요'를 받을 가능성이 더 줄어들기 때문이죠. 그렇다면 여기서 발생할 수 있는 문제는 사람들이 타인의 관심을 얻기 위해 긍정적인 것이든 부정적인 것이든 극단적인 게시물을 게재하게 될 가능성이 높아진다는 것입니다. 우리는 알고리즘에 기반을 둔 피드가 '좋아요'를 좇는 10대들에게, 또 이들의 콘텐츠 내용에, 그리고 게시물에 대한 반응을 확인하는 빈도에 어떤 영향을 미칠지 생각해 보아야 합니다. 피드 정렬 방식의 변화로 인해, 사용자가 지속적으로 사람들의 관심을 끌 만한 콘텐츠를 게시해야 하는 이유가 더욱 커졌습니다.

알고리즘은 알고 있다   · · · ·

알고리즘의 효과는 실로 엄청납니다. 사용자를 지속적으로 플랫폼에 참여하게 하고, 뉴스 피드나 기타 웹 사이트에서 우리의 관심을 끌 법한 광고를 선보이죠. 광고를 통해 우리를 변화시키고 그들이 원하는 방향으로 우리를 조종하려면 플랫폼들은 우리가 무엇을 좋아하는지, 무엇에 관심이 있는지, 어떤 것에 반응하는지 면밀히 파악하고 있어야 합니다. 우리가 무언가를 클릭하고, '좋아요'를 누르고, 댓글을 남기고, 공유할 때마다 플랫폼은 우리에게 더 많은 정보를 요구

합니다. 그들은 진정한 고객인 광고주의 니즈를 충족시키기 위해 사용자의 데이터를 알아내죠. 과연 어떤 방법들을 사용하는 걸까요?

여러분은 페이스북 알고리즘이 '좋아요'와 공유, 댓글을 추적한다는 사실을 이미 알고 있습니다. 하지만 알고리즘은 한 단계 더 나아가 여러분의 행동을 하나하나 분석해 참여도에 등급을 매깁니다. 가장 높은 등급의 상호 작용은 댓글입니다. 그 뒤로 '좋아요'와 댓글의 댓글, 메신저를 통한 링크 공유가 차례로 등장하죠.[11] 타인의 게시물에 대한 여러분의 반응에 등급을 매김으로써, 페이스북은 여러분이 온라인에서 누구의 게시물에 가장 큰 관심을 보이는지 가려낼 수 있게 된 겁니다.

놀라운 사실은, 무언가를 클릭하지 않아도 알고리즘은 여러분의 스크롤 습관까지 추적해 여러분에 대해 파악한다는 것입니다. '스토리'나 게시물을 보다가 잠깐 멈출 때마다, 페이스북(혹은 인스타그램)은 여러분이 그 게시물을 보는 데 시간을 쓴다는 사실을 인지합니다. 여러분이 게시물을 클릭하지 않더라도 말이죠. 알고리즘의 힘은 강력합니다. 여러분이 어디서 스크롤을 멈췄는지 파악할 뿐만 아니라, 이후 비슷한 게시물을 피드 상단에 노출시킬 수도 있죠.

'좋아요' 탐정   · · · ·

페이스북이 데이터를 수집하는 또 다른 방식은 기업 페이지의 '좋
아요'를 추적하는 것입니다. 처음에는 기업들이 브랜드 인식을 높이
고자 페이스북에 페이지를 만듭니다. 하지만 사용자들이 브랜드에
'좋아요'를 누르고 기업 페이지를 방문하면서, 페이스북은 사용자들
이 어떻게 브랜드 페이지에 방문하게 됐는지, 얼마나 오래 머무르는
지, 무엇을 보는지에 대한 소중한 정보를 수집할 수 있게 되었습니다.

만약 여러분이 페이스북 피드를 둘러보다가 이케아의 브랜드 페이
지에 '좋아요'를 누르면 그 즉시 여러분의 행동은 페이스북의 막강한
광고 데이터 컬렉션에 저장됩니다. 이케아의 페이스북 페이지를 방문
한 것은 물론, 이케아 웹 사이트에서 쇼핑한 사실까지 모두 말이죠.

간편함의 대가   · · · ·

데이터 마이닝data mining이란 방대한 데이터 속에서 유용한 정보
를 발견하는 과정이며, 기대했던 정보뿐만 아니라 뜻밖의 정보도 찾
을 수 있는 기술을 의미합니다. 여러분이 소셜 미디어 플랫폼을 사
용하고 있지 않아도, 플랫폼은 여러분의 정보를 수집할 수 있습니다.
스포티파이, 에어비앤비, 익스피디아, 뉴욕 타임스와 같은 서비스에
가입할 때, '페이스북으로 로그인하기' 옵션을 사용해 보셨나요? 그

렇다면 여러분은 페이스북 페이지에 접속한 상태가 아니더라도 페이스북에 더 많은 정보를 제공하고 있을 확률이 높습니다.

사용자에 관한 데이터 마이닝은 특정 플랫폼에서만 이루어지지 않습니다. 수많은 웹 사이트와 각종 서비스가 페이스북 계정을 통해 로그인할 수 있는 옵션을 제공하기 때문이죠. 별도의 회원 가입 없이 싱글 사인온single sign-on, 즉 한 번의 로그인으로 여러 서비스를 이용하고, 비밀번호를 따로 기억하지 않아도 된다는 점은 충분히 매력적입니다. 하지만 그다음 무슨 일이 일어날지 잠시 생각해 보세요. 여러분이 어떤 음악을 듣고 있고, 어디에서 휴가를 보내고 있으며, 어디에 머무르고 있고, 무엇을 읽고 있는지 공유할 수 있게 되는 겁니다.

《페이스북 데이터에는 경계가 없다No Boundaries for Facebook Data》라는 제목의 최신 연구는 싱글 사인온의 결과에 주목합니다. 자신의 소셜 미디어 프로필을 이용해 다른 웹 사이트에 접속할 때, 여러분은 그 웹 사이트에 개입된 보이지 않는 제3자에게도 여러분의 정보에 접근할 권한을 주게 됩니다.[12] 연구진은 "사용자에게 맞춤형 광고를 선보이려는 목적을 가진 제3의 추적자가 페이스북으로 로그인하기 기능을 통해 사용자의 익명성을 해칠 수도 있다"라고 이야기합니다. 와이어드지도 이 연구에 대한 기사를 실었습니다.

연구자들은 사용자가 웹 사이트 측에 자신의 페이스북 프로필에 접근할 수 있는 권한을 줄 때, 제3의 추적자도 사용자의 데이터를 가져가는 경우가 있다고 밝혔다. 오리지널 사이트가 접근 요청한 정보가 무엇이냐에 따라 사용자의 데이터에는 이름, 이메일 주소, 나이, 생년월일 등이 포함될 수 있다. 연구에 따르면 이러한 형태의 추적 패턴은 상위 100만 개 웹 사이트 중 434개 사이트에서 관찰되었다. 물론 이들 웹 사이트 모두가 페이스북 데이터를 수집하지는 않는다. 다만 연구원들이 그러한 패턴의 존재를 확인했을 뿐이다.[13]

해롭지는 않지만 성가신 광고에 노출되는 일 외에도, 여러분의 정보가 더 많은 제3자에게 유출될 위험이 있습니다. 여러분은 아마 페이스북의 보안이나, 페이스북 계정으로 로그인한 웹사이트의 보안을 신뢰할지도 모르겠지만, 페이스북은 여러분이 알지도 못하는 제3자에게도 데이터 접근 권한을 줍니다. 그러면 제3자들이 여러분의 개인 데이터를 이용하거나, 심지어는 판매할 수도 있게 되죠. 어디서 들어 본 이야기 아닌가요?

맞아요. 바로 케임브리지 애널리티카Cambridge Analytica의 정보 유출 사건 이야기입니다. 정치 데이터 분석 회사인 케임브리지 애널리티카는 8700만 명의 정보를 확보한 바 있습니다. 페이스북 사용자들이 '심리 테스트' 앱을 통해 자기도 모르는 사이에 자신의 페이스북 데이터를 공유한 덕분이죠. 더욱 충격적인 점은 이 회사가 심리 테스트에 참여한 사람들의 정보뿐만 아니라, 사용자의 네트워크에 있는 친구들의 정보까지 수집했다는 점입니다. 이 때문에 데이터를 도둑맞은 이용자는 퀴즈에 응답한 2700만 명에서 그들의 친구를 포함한 숫자인 8700만 명으로 확대되었죠.[14] 케임브리지 애널리티카는 2016년 미국 대선 기간 중, 정치적 선전을 목적으로 계속해서 이들의 데이터를 사용했습니다.

실제로, 싱글 사인온은 인터넷에서 널리 사용되고 있습니다. 2011년 스포티파이가 미국에 진출했을 때, 스포티파이는 사용자들에게 페이스북을 통한 회원 가입을 요구했습니다. 그 후 스포티파이는 자신의 음악 재생 목록을 친구들에게 공유할 수 있다는 홍보 글을 페이스북에 올렸죠.

2018년 9월, 페이스북 사용자 5000만 명의 개인 정보가 유출되던 것처럼, 대규모 보안 침해 문제가 발생하면 사용자의 페이스북 정보뿐 아니라 페이스북 로그인을 통해 연결된 다른 웹 사이트의 정보까지도 유출될 가능성이 있습니다. 간편한 접속의 이면에는 더 많은 변수와 개인 정보 유출 위험이 존재한다는 것을 기억하세요.

사생활 엿듣기

접속하지도 않은 사용자로부터 페이스북이 데이터를 수집할 수 있는 또 다른 방법이 있습니다. 바로 다른 웹 사이트에서 라이브 채팅을 하기 위해 페이스북 메신저를 사용하는 기업을 통해서입니다. 채팅창에 페이스북 로고가 있긴 하지만, 기업이 채팅창을 자유롭게 디자인할 수 있기 때문에 대부분의 소비자가 자신이 페이스북 메신저 내에서 채팅하고 있다는 사실을 깨닫지 못합니다. 하지만 페이스북은 채팅에서 사용자의 이름, 성별, 지역을 포함한 다양한 정보를 수집할 수 있죠. 이 역시 여러분의 사생활을 '엿듣는' 또 하나의 수단인 셈입니다.

잠재적 고객을 고르는 법 ....

사용자의 관심, 행동에 관한 데이터를 수집한 플랫폼은 사용자들을 집단별로 분류할 수 있습니다. 나이와 성별, 관심사, 사용자들이 클릭하는 것 등을 기준으로 프로필을 만들 수 있죠. 그러면 플랫폼은 유사한 집단들의 데이터를 비교할 수 있게 됩니다. 이를 바탕으로, 다른 사용자들이 무엇을 좋아할지 예측할 수도 있습니다. 소셜 미디어를 이용하다 보면 우리는 온라인 마케팅의 궤도에 빨려 들어가게 됩니다. 플랫폼과 기업들이 우리로부터 수집할 수 있는 정보가 많아질수록, 이들은 비슷한 관심사와 행동 양식을 가진 잠재적 고객에 대해 더 많은 통찰력을 가지게 되죠.

한 자전거 브랜드에서 신제품을 홍보 중이라면, 이들은 소셜 미디어에서 소비자 프로필을 보고 누구에게 맞춤형 광고를 보여 줄지 결정할 수 있습니다. 여러분이 특정 바이크 잡지에 관심이 있고, 특정 자전거 브랜드의 게시물에 '좋아요'를 누른다는 것을 이 회사가 알게 되면, 이들은 여러분이 자전거를 좋아하는 사람일 확률이 높다는 걸 확신할 수 있겠죠. 또한 이들은 여러분이 어떤 상품을 살 가능성이 가장 높은지 예측하기 위해, 여러분의 친구들이 무엇에 '좋아요'를 눌렀고 어떤 상품을 구매했는지도 참고할 수 있습니다.

돌고 도는 개인 정보   ····

페이스북과 같은 플랫폼에서는 사용자가 자신의 친구들과 함께 그들의 관심사에 대해 끊임없이 소통하기 때문에 매우 강력한 프로필이 만들어집니다. 디지털 인텔리전스 회사 라이트메트릭의 CEO, 찰리 그리넬Charlie Grinnell이 지적했듯, 인스타그램이나 왓츠앱을 비롯한 일부 플랫폼들은 가입 시 사용자의 이메일 주소와 전화번호를 요구합니다. 하지만 이 플랫폼들은 페이스북만큼 역사가 길지 않습니다. 사용자들은 페이스북에 자신의 친구, 자신이 다닌 학교, 좋아하는 하키 팀에 관한 정보를 기꺼이 입력했지만 이들 플랫폼은 페이스북이 보유하고 있는 만큼의 방대한 데이터를 가지지 못했죠.[15]

물론 그래도 방법은 있습니다. 인스타그램에 광고를 내고 싶어 하는 광고주들은 페이스북의 '애드 매니저'를 통해 광고 공간을 삽니다. 페이스북은 사용자 개개인에 대한 모든 정보를 취할 수 있고, 이를 여러분의 인스타그램 계정과 상호 참조할 수 있죠.

어떻게 이것이 가능할까요? 앞 장에서 이야기했듯, 페이스북은 온라인 세계의 월마트와 같습니다. 현재 왓츠앱, 페이스북, 페이스북 메신저, 인스타그램 등을 소유하고 있죠. 페이스북은 기업의 영향력을 강화하기 위해 전략적으로 인수를 진행했고, 그 과정에서 상당한 가치를 쌓았습니다. 페이스북이 인수한 플랫폼 내에서 사용자의 프로필은 서로 통합될 수 있습니다. 페이스북의 사용자 데이터는 인스타그램과 왓츠앱을 비롯한 페이스북의 모든 플랫폼에 연동될 수 있으며, 사용자가 동일한 이메일 주소나 전화번호를 사용하는 경우, 그 정보가 기입된 서비스 전부에 연동될 수 있습니다. 이렇게 통합된 사용자 데이터를 통해 광고주는 더욱 효과적으로 맞춤형 광고를 제공할 수 있게 되죠.

목표를 정하고… 쏘세요! 　　　　　　　　　　· · · ·

소셜 미디어가 여러분의 참여를 유도해 방대한 사용자 데이터를 수집했고, 플랫폼 이곳저곳에 흩어져 있는 여러분의 정보를 모두 통합했습니다. 이제 광고주는 다양한 방식으로 여러분에게 맞춤형 광고를 선보일 수 있게 된 것이죠. 그렇다면 여러분의 피드와 여러분이 방문하는 웹 사이트에 어떻게 여러분을 겨냥한 맞춤형 광고가 올라오게 되는 것일까요? 구글도 자사가 개발한 광고 플랫폼을 통해 비슷한 메커니즘을 구축하고 있지만, 지금부터는 페이스북의 애드 매니저에 대해 집중적으로 이야기 나눠볼까 합니다. 트위터와 스냅챗을 비롯한 몇몇 플랫폼에서도 비슷한 서비스를 제공하고 있습니다. 하지만 엄청난 양의 데이터를 보유하고 있는 페이스북과 구글이 이 분야를 선도하고 있는 것은 분명해 보입니다.

한 스포츠 의류 회사가 인스타그램에 맞춤형 광고를 게시하려 한다고 가정하고, 이 회사가 우리를 대상으로 광고를 보여 주는 방식에 대해 알아보도록 하겠습니다.

첫째, 이들은 인구통계학적 정보와 관심사, 또는 관련도를 기반으로 광고를 노출할 수 있습니다. 페이스북은 광고주들에게 지역, 인구 통계학적 특성, 관심사, 행동(과거 구매 이력 또는 기기 사용) 및 연결 관계별로 광고 노출 대상을 정할 수 있도록 합니다.[16] 이 회사가 특정 개인이나 소규모 집단의 개인 정보를 세세하게 파헤칠 수는 없지만, 세분화된 방식으로 여러 범주에 걸쳐 맞춤형 광고를 보여 줄 수 있습니다. 만약 샌프란시스코 지역에 사는 21~34세의 남성 중 대학 교육을 받은 NFL(미국의 프로풋볼리그) 팬을 찾는다면 어떻게 할까요? 페이스북만 있으면 식은 죽 먹기나 다름없죠!

둘째, 페이스북은 광고 회사가 제공하는 목록을 기반으로 사용자를 타기팅 하도록 허락합니다. 여기에는 뉴스레터 발송 목록, 고객 관리 시스템, 또는 회사의 웹 사이트에 방문했거나 회사의 앱을 이용한 사람들의 목록이 모두 포함되죠. 그러면 이 회사는 페이스북 애드 매니저에 사용자 정보 목록을 업로드하고 페이스북은 그 목록을 페이스북의 사용자 베이스와 상호 참조하게 됩니다. 목록에 있는 사람들 중에는 동일한 이메일 주소로 인스타그램 계정을 만든 사람이 있을 겁니다. 이들 중 일부는 남성, 일부는 여성이겠죠. 페이스북 데이터로부터 사용자가 '좋아요'를 누른 항목과 선호도를 파악한 기업은 남성 중 일부가 시애틀 시호크스(시애틀의 프로 미식축구팀)를 좋아한다는 것을 알아낼 수도 있습니다. 여성 중 일부는 매사추세츠에 살며 NFL 페이지를 팔로우할 수 있겠죠. 그렇다면 패트리어츠(뉴잉글랜드의 프로 미식축구팀)의 팬일 가능성이 높다고 예측할 수 있을 겁니다. 찰리 그리넬은 말합니다.

"사용자의 선호도와 성향을 파악해 인스타그램에 광고를 게재하는 것이 가능해졌습니다. 그리고 이제, 이 시스템은 기업 외부로까지 확대되고 있죠. 기업은 고객의 이메일 주소 목록을 스프레드시트로 내보내 페이스북에 업로드하고, 그 이메일 주소를 기반으로 광고의 타깃을 정할 수 있습니다."

이제, 스포츠 의류 업체는 각 사용자에게 정확히 어떤 광고를 선보여야 할지 알게 되었습니다. 사용자의 지역을 바탕으로 그들이 응원하는 팀을 예측해 맞춤형 광고를 선보일 수 있게 된 것이죠.

마지막으로 페이스북은 광고주들에게 '유사 타깃'을 구축할 수 있도록 합니다. 스포츠 의류 회사가 우수 고객층의 이메일 주소를 확보하고 있고, 그들과 비슷한 성향의 새로운 사람들에게 광고를 보여 주려 한다고 가정해 보겠습니다. 이 업체는 페이스북에 고객 목록을 업로드할 수 있습니다. 그러면 페이스북은 고객의 이메일과 페이스북 사용자 정보를 대조해 이들의 일반적인 인구통계학적 특성, 관심사, 행동 등을 파악할 것입니다. 그런 다음 이들과 비슷한 특성을 가진 다른 사용자의 프로필을 찾아 의류 업체가 새로운 광고 게재 대상에게 맞춤형 광고를 내보낼 수 있도록 할 것입니다.

여러분이 SNS 피드를 방문할 때 보게 될 광고도 이러한 경로 중 하나를 거쳤을 것이라고 확신합니다. 게다가 페이스북의 광고 플랫폼은 단순히 광고를 보여 주는 데서 그치지 않습니다. 페이스북은 광고 시청이 구매로 전환되도록 적극적으로 노력합니다.

자꾸만 따라 와요 ····

페이스북에서 저를 따라다니던 헤드폰 광고를 다시 떠올려 보세요. 신기하고 소름끼쳤던 그 광고의 작동 원리는 페이스북 픽셀Facebook Pixel을 통해 간단히 알아볼 수 있습니다. 페이스북은 비즈니스 고객 센터 페이지에서 픽셀에 대해 이렇게 설명합니다.

페이스북 픽셀은 웹 사이트에서 사람들이 취한 행동을 파악하여 광고의 효과를 측정하기 위해 사용하는 분석 도구입니다. 픽셀 데이터를 이용해 적합한 사람들에게 광고를 노출하고, 타깃 시청자를 설정하고, 페이스북의 추가적인 광고 도구를 활용할 수 있습니다.[17]

이것이 정확히 어떤 의미일까요? 픽셀은 웹 사이트에 숨어 있는 코드로, 브라우저에 있는 페이스북 쿠키와 동기화하여 사용자의 온라인 행동을 페이스북 프로필과 연결합니다. 웹 사이트에서 영상을 보다가 빠져나간다? 장바구니에 뭔가를 담았다가 삭제한다? 다음번 여러분이 페이스북, 인스타그램, 또는 메신저를 훑어볼 때는… 짜잔! 여러분의 과거 행동이 여러분을 유혹할 광고로 돌아옵니다. 손쉬운 전환이 가능하도록 광고에는 링크도 달려 있죠.

구글도 구글 애널리틱스Google Analytics라는 도구를 사용해 여러 웹사이트에서 사용자에게 맞춤형 광고를 송출하고 있습니다. 제가 크롬 브라우저에 로그인하면 구글은 저에 대해 모든 것을 알게 되죠. 제가 좋아하는 스포츠 사이트, 뉴스 사이트 등 광고는 어디든 저를 따라다닙니다.

마케터는 공유하기, '좋아요', 댓글을 허영 지표로 여깁니다. 왜냐하면 이들은 지표보다 여러분의 관심이 구매로 전환되느냐의 여부에 훨씬 더 관심이 많기 때문이죠. 구글 애널리틱스와 페이스북 픽셀은 광고가 얼마나 효과적으로 사용자들의 반응을 끌어내고 있는지 보여 주기 위해 마케터들에게 전환 지표를 제공합니다. 광고를 통해 여러분에게 상품을 보여 주고 구매를 유도하는 것은 실로 엄청나게 효과적인 방식이죠.

이 주제에 대해 생각해 볼 여지는 있습니다. 현대 사회에서 우리는 언제나 광고에 노출되어 있죠. 그렇다면 차라리 실제로 관심 있는 물건을 광고로 보는 건 어떨까요? 알고리즘이 본질적으로 나쁜 것은 아닙니다. 단지 컴퓨터에 특정 작업을 수행하도록 하는 규칙일 뿐이죠. 알고리즘을 사용하는 프로그램은 다양합니다. 하지만 대다수의 소셜 미디어와 전자 상거래 플랫폼은 사람들의 데이터를 분석하고, 광고를 내보내는 데 알고리즘을 사용합니다.

저는 사실 알고리즘 기능에 비교적 고마움을 느낍니다. 피드를 스크롤 할 때 제가 관심 있는 게시물을 먼저 볼 수 있게 해 주기 때문이죠. 세상에는 너무나 많은 콘텐츠와 정보가 있어서, 알고리즘의 도움 없이는 그 누구도 모든 것을 합리적으로 검색할 수는 없다고 생각합니다. 하지만 이 회사들이 어떻게 우리의 관심을 끌고, 우리의 데이터를 수집하는지, 또 그 데이터를 이용해 어떻게 광고 노출 대상을 설정하는지 이해하는 것은 중요합니다. 우리가 무료로 플랫폼을 이용하는 대가죠. 소셜 미디어 기업은 이익을 창출해야 하며, 그들에게는 우리의 관심이 화폐인 셈입니다.

우리가 더욱 주의해야 할 부분은 우리가 사용하는 이 플랫폼들이 관심을 필요로 하며, 도파민 분비와 보상 체계를 통해 사용자 이탈을 막고, 방문하는 웹 사이트와 뉴스 피드 이곳저곳에서 우리에게 광고를 노출시키고 있다는 사실입니다. 이 모든 것은 우리를 조종하기 위한 활동들입니다. 이들과 제3자 모두가 원하는 결과를 도출하기 위해 우리를 압박하는 것이죠. 이들은 우리가 플랫폼에 더 자주 방문하고, 오래 머무르고, 광고에 반응하기를 원합니다.

페이스북의 사용자 데이터 수집과 개인 정보 유출 문제를 통해 얻은 교훈이 있다면 이제 많은 사용자가 플랫폼이 완전히 공짜는 아니라는 사실을 이해하고 있다는 사실입니다. 케임브리지 애널리티카 사건을 통해 우리는 플랫폼의 작동 방식과 이들이 누구를 위해 일하는지를 다시금 생각해 보게 되었습니다.

저는 몇몇 소셜 미디어 플랫폼을 이용하고 있지만, 알고리즘이 작동 중이라는 사실을 늘 염두에 두려고 노력합니다. 저는 개인적인 관심사가 반영된 피드를 볼 수 있는 대신, 그것이 부지불식간에 충동적인 클릭과 구매로 이어질 수 있다는 점을 감안하기로 결심했습니다. 하지만 성인인 저와 달리, 아이들은 알고리즘이나 앱 디자인이 그들의 신경 세포를 자극하고 있다는 것을 자각하지 못할 겁니다. 이 책의 핵심으로 돌아가 질문을 던져보겠습니다. 아직 적절한 나이가 되지 않았는데도 SNS를 이용하는 아이들이 늘어난다는 점은 무엇을 의미할까요? 부모에게는 이것이 어떤 의미가 있을까요?

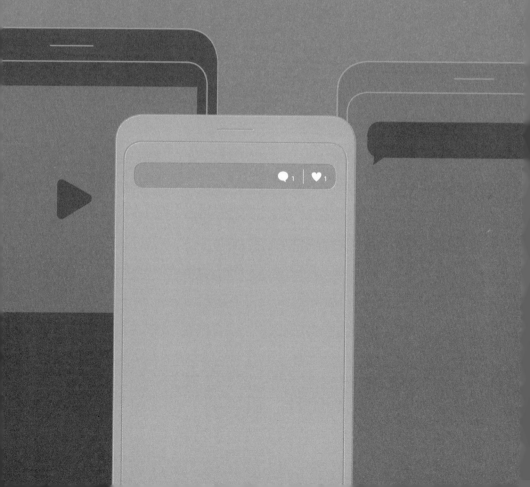

6장

디지털과 함께
태어난 아이들

기술의 파도 속에서

위험한 콘텐츠 . . . .

케일리에게 처음으로 욕을 가르친 건 도라의 모험을 그린 애니메이션 〈도라 디 익스플로러Dora the Explorer〉였습니다. 케일리는 자신이 가장 좋아하는 의자에 앉아 헤드폰을 끼고 유튜브 만화를 보고 있었습니다. 영상이 끝나자 아이는 저에게 와 말했습니다. "아빠, '제길'이 무슨 뜻이에요?(실제로는 이것보다 더 험한 말이었고, 다시 떠올리고 싶지 않아 '제길'로 대체했습니다.)" 저는 입이 떡 벌어졌죠. "뭐? 그런 말을 어디서 배웠어?"

"아, 방금 이 만화에서 들었어요." 저는 그 즉시 아이가 보던 만화 영화로 눈길을 돌렸습니다. 〈도라 디 익스플로러〉가 켜져 있었지만 그건 '진짜' 도라가 아니었습니다. 도라는 뱃사람처럼 거친 입담을 뽐내고 있었습니다. 누군가가 원작 만화에 각종 불건전한 말을 더빙한 영상이었죠. 상당히 거북했습니다. '왜 저런 짓을 하지? 왜 유튜브에 저런 영상이 있는 거야?'하는 생각이 들었습니다.

시간이 흐르면서 저는 제가 겪은 일이 그리 드문 일은 아니라고 확신하게 되었습니다. 최근에 읽은 뉴욕 타임스 기사도 저와 비슷한 경험을 한 부모의 이야기를 다루고 있었죠. 이들은 자신의 자녀가 보는 다양한 만화 영화에서 상당히 부적절한 부분을 발견했다고 이야기합니다.[1]

이들의 이야기와 저의 이야기에는 한 가지 주목할 만한 차이점이 있었습니다. 제 딸은 유튜브에서, 그리고 기사에 등장하는 아이들은 '유튜브 키즈'에서 영상을 보고 있었다는 사실이죠. 유튜브 키즈는 아이들을 위해 안전한 서비스를 제공하겠다고 약속했지만, 그 약속은 지켜지지 않고 있습니다. 그리고 그 이유는 콘텐츠의 '양' 문제에 있습니다. 유튜브는 콘텐츠 관리 인력을 엄청나게 늘리고 있지만, 봇물 터지듯 쏟아져 나오는 영상을 모두 감당하기란 역부족입니다.[2] 유튜브와 유튜브 키즈에는 매일 엄청난 양의 콘텐츠가 업로드되고 있으며(분당 300시간 분량의 영상이 유튜브에 업로드됩니다.)[3], 어린이들도 당연히 시청할 수 있습니다. 부모로서 우리는 아이들이 시청하는 영상을 적극적으로 모니터링해야 합니다.

스마트 기기가 보편화된 지금, 아주 어린 세대의 아이들도 온라인 콘텐츠에 노출되어 있습니다. 하지만 아이들의 인터넷 활동을 감시하는 것은 매우 어려운 일입니다. 심지어 '어린이를 위해' 만들어진 앱조차도 성인용 앱을 약간 변형한 수준이거나, 많은 소셜 미디어 플랫폼과 동일한 기능이 있는 경우가 대부분입니다. 그래서 모든 콘텐츠가 정말로 아이들의 연령에 적합한지를 판단하기가 어렵죠.

특히 많은 아동용 SNS가 여전히 사용자에게 팔로워 수를 늘리도록 종용하고, 사회적 확인을 유도하고 있습니다. 소셜 미디어에 가입할 수 있는 연령이 되기도 전에 소셜 미디어를 이용하고 있는 어린 사용자들도 걱정됩니다. 대부분의 소셜 미디어 앱은 이용 약관에서 서비스 가입 연령을 13~14세 이상으로 제한하고 있습니다. 하지만 커먼센스미디어는 아동이 처음으로 소셜 미디어 계정을 만드는 평균적인 나이를 12.6세로 추정합니다.[4] 인플루언스센트럴에서는 이보다 더 어린 11.4세로 추정하고 있죠.[5] 어느 쪽을 봐도 소셜 미디어를 사용하는 아동의 연령이 이용 약관에서 명시하는 연령보다 낮다는 것은 확실합니다.[6] 실제로, 아동 인구의 50%가 12세 무렵에는 소셜 미디어 계정을 가지고 있다고 합니다.[7] 스냅챗, 인스타그램, 유튜브, 틱톡, 페이스북을 비롯한 여러 플랫폼이 13세 미만 아이들의 관심을 끌 만한 기능을 가지고 있으며, 가입이 가능한 나이보다 어린 사용자의 수가 상당히 많다는 것은 부인할 수 없는 사실이죠.

구글은 콘텐츠를 관리하려 노력하고 있지만 여전히 유튜브와 유튜브 키즈 플랫폼을 감시하는 데 어려움을 겪고 있습니다. 더빙된 영상이 필터를 빠져나가고 있으며, 아이들이 성적인 콘텐츠, 해로운 콘텐츠, 폭력적인 콘텐츠를 접하게 될 위험은 여전히 큽니다.

모른 척 ‥‥

2018년 7월, 아홉 살 소녀가 자신의 엄마에게 유튜브에서 본 충격적인 영상에 대해 이야기했습니다. 소녀가 보던 만화 중반쯤에 선글라스를 낀 남자가 등장해 아이들에게 손목을 그어 자살하는 방법에 대해 설명한 겁니다.[8] 소녀의 엄마인 프리 N. 헤스 박사는 경악을 금치 못했고, 즉각 유튜브에 연락을 취했습니다. 이 영상은 일주일 뒤

삭제 조치되었지만, 자살 관련 영상은 다시 유튜브에 등장했죠. 플로리다에 사는 소아과 전문의인 그녀는 자신의 블로그를 통해 강력한 우려의 목소리를 표명했습니다.

저는 조사를 통해 자해, 자살, 성 착취, 인신매매, 가정 폭력, 성폭행, 교내 총기 사건과 같은 총기 폭력 등의 위험한 주제와 내용을 미화한 만화 영화를 만드는 사람들이 있다는 걸 알게 되었습니다. 그런 영상은 유튜브 키즈에서도 찾아볼 수 있었습니다. 8세 이하 어린이들을 위한 안전한 공간이라고 광고하는 바로 그 플랫폼에서 말이죠.[9]

이는 어린이 전용 앱에서 절대 일어나서는 안 되는 일입니다. 하지만 이러한 '실수'가 우리에게 알려 주는 사실이 한 가지 있습니다. 연령에 맞는 콘텐츠 관리를 플랫폼 측에만 맡겨서는 안 된다는 것입니다. COPPA어린이 온라인 사생활 보호법는 1998년 어린이의 온라인 사생활과 안전을 보호하기 위해 제정되었습니다. 하지만 안타깝게도, 대형 플랫폼들은 아이들이 플랫폼을 이용하고 있다는 사실조차 모른 척하며 COPPA의 법망에서 손쉽게 빠져나가고 있죠.

법의 사각지대 . . . .

2019년 3월 30일, 워싱턴 포스트에 인터넷을 더욱 강력하게 규제

해야 한다는 취지의 글을 실은 건 다름 아닌 마크 저커버그였습니다.[10] 사용자 정보 및 개인 정보 유출 사건에 연루되었던 기업의 수장이 이러한 취지의 글을 쓴 것에 대해 많은 사람이 의아하게 생각했지만, 저는 그가 전달하고자 하는 메시지를 분명하게 느낄 수 있었습니다. 우리는 플랫폼에서의 사생활 보호와 유해 콘텐츠 관리에 더욱 중점을 두어야 한다는 겁니다.

하지만 그의 글에는 한 가지 중요한 논점이 결여되어 있었습니다. 인터넷을 이용하는 아동의 수가 매우 많다는 것을 알려 주는 각종 통계와 지표가 있는데도, 이들에 관한 이야기가 빠져 있었던 겁니다. 아직 인터넷을 사용할 준비가 되지 않은 13세 미만의 아동과 그들의 정신 발달에 미디어가 미치는 잠재적인 영향은 실로 대단합니다. 규제 당국과 기술 업계는 이 문제에 더 큰 관심을 가져야 마땅합니다.

13세 미만 사용자가 있는 플랫폼은 COPPA를 준수해야 하지만, 대다수가 단순히 아동의 인터넷 이용 사실을 '무시'하는 방식으로 법망을 피하고 있습니다. 실제로, 많은 플랫폼이 다양한 전략을 통해 사용자 수를 크게 늘리는 데 성공했죠. 플랫폼은 결국 사용자 수를 통해 가치를 창출하기 때문에, 우리는 이들이 플랫폼에 유입된 사용자들 덕분에 톡톡히 혜택을 누리고 있다는 사실을 기억해야 합니다.

2000년 4월 FTC연방거래위원회가 발효한 COPPA는 온라인상에서 아동과 그들의 정보를 보호하기 위한 지침을 고수하고 있습니다. 13세 미만 사용자가 있는 모든 미국 내 플랫폼은 COPPA의 지침을 준수해야 하며, 이를 위반할 시 피해를 본 아동 한 명당 1만 6000달러의 과태료가 부과됩니다. 상세히 설명하진 않겠지만, COPPA의 규제는 꽤나 엄격하며 13세 미만 아동을 대상으로 한 플랫폼의 설계에 상당한 영향을 끼칩니다. 유럽에도 아동을 위한 개인 정보 보호 규정인 GDPR-K가 존재합니다. 규정이 매우 까다롭기 때문에 아동을 위한 플랫폼을 개발하는 일 자체가 어렵죠. 이는 긍정적인 일입니다. 아이들이 관련되어 있는 일에는 아이들의 안전을 최우선으로 삼아야 하죠.

앞에서 살펴본 통계에 따르면 아동들이 유튜브, 스냅챗, 틱톡, 인스타그램, 페이스북을 비롯한 각종 플랫폼을 사용하고 있다는 사실은 명백합니다. 따라서 이들 플랫폼은 COPPA를 준수할 의무가 있는 것이죠. 하지만 이들이 과연 COPPA를 준수하고 있을까요? 다시 한번 생각해 보세요. 대형 플랫폼들이 아동의 안전보다 월간 활성 사용자 수에 더 관심이 많다면 안타깝게도 법망을 피해 가는 것은 식은 죽 먹기에 가깝습니다.

13세 미만 아동이 나이를 속여 가며 대형 플랫폼에 회원 가입을 할 때, 플랫폼은 중대한 선택의 기로에 섭니다. 13세 미만 아동이 플랫폼을 사용한다는 사실을 인정하면 COPPA를 준수한다는 사실을 증명해야 하기 때문이죠. 이들은 가입 연령이 명시된 이용 약관을 가리켜 COPPA를 무시하기도 합니다. 이론적으로는 설득력 있어 보일지 모르지만, 우리는 아이들이 플랫폼을 이용하고 있다는 사실을 알고 있습니다. 통계가 이를 뒷받침하죠. 다시 한번 이야기하지만 페이스북, 인스타그램, 유튜브, 스냅챗, 틱톡은 사용자 수로부터 엄청난 가치를 창출합니다. 그러므로 COPPA를 준수한다면 치러야 할 대가가 상당할 뿐만 아니라, 가입자 수가 큰 폭으로 줄어들어 기업의 중요한 지표에도 영향을 미치게 될 것입니다.

소셜 미디어, 게임, 콘텐츠 웹 사이트들이 COPPA의 규제 범위에서 벗어날 수 있는 것은 이들의 이용 약관 때문입니다. 보호자의 통제, 확인, 모니터링, 보고도 필요하지 않죠. 이들 플랫폼은 13세 미만의 아동이 그들의 월간 활성 사용자 수에 포함될 수 있다는 사실을 이용합니다. 활성 사용자 수가 증가하면 지표가 향상되고, 플랫폼의 가치가 높아져 결국에는 광고 수익 증대로 이어지죠. 그러는 동안 아이들은 낯선 사람들과 상호 작용을 할 수도, 개인 정보를 공유할 수도, 광고 알고리즘의 타깃이 될 수도 있습니다. 또한 아이들에게 매우 유해한 게시판 등의 기능에도 노출됩니다. 비교와 검증, 앱 내 추적의 세계에 너무 일찍 발을 들이게 되는 것이죠.

부모에게만 아동 보호의 책임을 묻는 것은 공평하지 않습니다. 하지만 안타깝게도 그것이 오늘날의 현실이죠. 그리고 이 현실은 규제 당국이 개입해 법의 사각지대를 없애기 위한 조처를 하기 전까지는 변하지 않을 겁니다. FTC는 13세 미만 아동의 개인 정보를 수집한 틱톡에 570만 달러의 과징금을 부과한 바 있습니다.[11] 엄청난 액수처럼 느껴지지만, 기업 가치가 750억 달러에 달하는 틱톡의 모기업, 바이트댄스ByteDance에는 푼돈에 불과합니다. 과징금이 기업 가치의 0.007%밖에 되지 않는다면 규제가 실질적인 효과를 발휘하기란 쉽지 않을 겁니다. 과징금의 액수는 더욱 커져야 합니다. 앞서 페이스북이 그러했듯, 다른 기업들도 푼돈 같은 과징금을 납부하고 더 많은 사용자를 확보하는 편을 택할 것이기 때문입니다.

플랫폼이 아무런 조치도 취하지 않을 때, 광고주들이 나선 것은 고무적인 일이었습니다. 유튜브는 아동을 향한 악성 댓글 때문에 아동이 등장하는 영상에 한해 댓글을 차단하기 시작했습니다.[12] 유튜브의 이러한 조치는 디즈니Disney, 에픽게임즈Epic Games, 네슬레Nestle와 같은 주요 광고주들의 압박 때문이었죠. 물론 이는 긍정적인 변화지만, 이미 아동의 안전이 위협받은 뒤 그에 대한 반작용으로 마련된 대책이었다는 점은 안타깝습니다. 현재로서는, 아이들이 새로운 세상을 안전하게 탐험할 수 있도록 부모가 적극적으로 도와야 합니다.

완전히 새로운 세상 ....

이 책을 쓰기 전에, 아이들 사이에서 가장 인기 있는 브랜드가 무엇이라고 생각하냐는 질문을 받았다면 저는 디즈니, 레고, 바비, 또는 피젯 스피너처럼 유행하는 물건의 이름을 댔을 겁니다. 과거에는 제 대답이 옳았을지도 모르죠. 하지만 세상은 달라졌습니다. 2018년, 시장 조사 기관 스마티팬츠가 6~12세의 미국 어린이들을 대상으로 브랜드 선호도를 조사한 결과, '유튜브'가 1위를 차지했다고 밝혔습니다.[13] 상위 10개 브랜드 중 유튜브를 제외한 나머지 브랜드는 다음과 같습니다.

2. 넷플릭스

3. 아이폰

4. 맥도날드

5. 오레오

6. 엠앤엠즈

7. 도리토스

8. 아이패드

9. 엑스박스

10. 구글

상위 10개 브랜드 외에도 포트나이트(11위), 플레이스테이션(15위), 인스타그램(27위), 스냅챗(38위), 아마존(40위), 유튜브 키즈(45위), 로블록스(46위)와 같은 브랜드가 눈에 띄었습니다. 디즈니(19위)나 레고(22위)보다 구글이 더 인기 있다는 사실에 깜짝 놀란 걸 보니, 저도 나이를 먹었다는 생각이 들었죠. 영원히 아이들의 사랑을 독차지할 것 같았던 브랜드가 순위권 밖으로 밀려난 것을 보면서 우리가 디지털

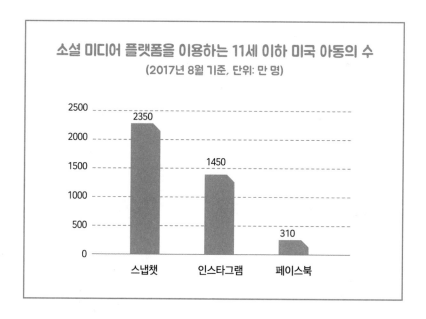

소셜 미디어 플랫폼을 이용하는 11세 이하 미국 아동의 수
(2017년 8월 기준, 단위: 만 명)

시대에 살고 있다는 것을 새삼 실감할 수 있었습니다. 아이들은 지금 이 브랜드들을 이용하고 있습니다. 우리 모두가 알고 있는 사실이죠. 아이들은 이용 가능한 연령에 도달할 때까지 기다리지 않습니다.

오늘날, 소셜 미디어는 아이들의 마음을 빼앗고 있습니다. 앞서 말했듯, 아이들이 처음으로 소셜 미디어에 가입하는 평균 나이는 11.4세에서 12.6세 사이입니다. 10~12세에 처음으로 소셜 미디어 계정을 만드는 아동은 무려 39%에 달하며, 10세가 되기도 전에 계정을 만드는 아동도 11%에 달한다고 합니다.[14]

또 다른 시장 조사 기관인 스태티스타에 따르면 2017년 8월 기준으로 스냅챗, 인스타그램, 페이스북을 사용하는 11세 이하의 아동은 각각 2350만 명, 1450만 명, 310만 명에 달합니다.[15] 월간 활성 사용자 수가 190억 명에 달하는 유튜브에서는 얼마나 많은 13세 미만 아동이 활동하고 있을지 가늠조차 하기가 힘듭니다. 집 주변, 공공장소 등 어디에서나 유튜브를 시청 중인 아이들을 보며 그저 그 수가 엄청날 것이라고 짐작할 뿐이죠.

한편, 비디오 게임 라이브 스트리밍을 중심으로 한 산업이 성장세를 보이고 있습니다. 아마존의 자회사 트위치 인터랙티브가 일간 활성 사용자 수 1500만 명 이상을 기록하며 시장을 선도하고 있죠. 유명 소셜 미디어 기업들처럼, 트위치도 이용 약관에서 사용자 연령을 13세 이상으로 제한하고 있습니다. 하지만 규정을 무시하고 트위치를 이용하는 어린이들이 있다는 것은 명백한 사실입니다. 마인크래프트나 로블록스처럼 인기 있는 게임을 플레이하며 그것을 중계하는 유튜브 채널도 상당히 많죠. 아이들에게 매우 인기 있는 콘텐츠입니다. 하지만 아이러니하게도 이 콘텐츠는 아동의 가입을 제한하고 있는 플랫폼에서 만들어집니다.

이와 같은 정보는 한 아이의 아버지인 저에게 많은 생각을 안겨 줍니다. 케일리는 이제 여덟 살입니다. 곧 연령 제한이 있는 소셜 미디어 계정을 만들고 싶어 할 겁니다. 딸의 친구 중 한 명은 유행에 조금 더 개방적인 부모를 둔 덕분에 벌써 틱톡을 사용하고 있다고 합니다. 어느 날, 틱톡을 사용해도 되는지 묻는 케일리 덕분에 저도 그 앱을 접해 보게 되었습니다. 처음에는 재미있어 보이기도 했죠. 하지만 앱을 실행하자마자 화면에 웬 비키니 차림의 소녀가 나타나 노래를 부르며 흐느적거리는 춤을 선보이고 있었습니다. 더 볼 것도 없이 케일리에게는 안 된다고 말했습니다.

부모가 해야 할 일 ....

지금까지 이 책에서 다룬 앱과 플랫폼들은 결코 아이들을 염두에 두고 만들어진 것이 아닙니다. 유튜브 키즈와 같은 플랫폼조차 오리지널 유튜브 플랫폼을 조금 변형한 정도인데다, 중독성 있는 기능들은 그대로 가져와 쓰고 있습니다. 아이들은 부모를 바라보고, 또 그들처럼 되고 싶어 합니다. 관찰력이 굉장히 뛰어나죠. 그래서 부모는 자신의 행동과 습관에 상당한 주의를 기울여야 합니다. 예를 들어, 제 두 살 난 아들은 텔레비전으로 가 화면을 손으로 문지르는 시늉을 합니다. 엄마와 아빠가 소셜 미디어 피드를 내리는 모습을 보았기 때문이죠. 만약 여러분이 하루 종일 핸드폰을 붙들고 인스타그램이나 페이스북 피드를 확인한다면, 그 모습을 본 여러분의 자녀도 부모와 똑같은 행동을 하고 싶어지는 게 당연합니다.

아동용 앱 중 일부는 아이들과 부모에게 좀 더 나은 환경을 제공하기 위해 노력한 듯 보입니다. 예를 들어, 페이스북 메신저 키즈는 아이들에게 광고나 허영 지표를 들이밀지 않습니다. 하지만 이들의 궁극적인 목표는 아이들이 성인이 되었을 때, 이들을 페이스북의 사용자로 전환시키는 것이죠. 그리고 제가 아이들과 함께 페이스북 메신저 키즈를 사용한다면, 페이스북은 저에 대해 더 많은 정보를 수집할 수 있을 겁니다. 제가 두 아이의 아버지란 사실과 두 아이의 이름, 저의 동의가 있다면 성별, 생년월일, 나이를 비롯한 기타 정보까지 추가로 수집할 수 있을 겁니다. 그러면 저는 제 페이스북 피드에서 아이들의 나이에 맞는 장난감, 게임 등 각종 물건의 광고를 보게 될 확률이 매우 높아지죠.

팝잼과 같은 앱들은 어린이 전용으로 만들어졌지만, 사회적 확인을 부추기는 '좋아요'나 팔로우 등 우려스러운 기능을 갖추고 있는 것이 사실입니다.

우리는 특정 앱을 사용할 때 그 앱이 어떤 행동을 부추기는지 비판적인 시각으로 바라봐야 합니다. 인터뷰에서, 틱톡의 설립자는 자신이 모든 직원에게 그들만의 틱톡 영상을 만들도록 지시한 사실을 털어놨습니다. 이들은 영상에 '좋아요'가 충분히 달리지 않으면 팔굽혀펴기를 해야 했죠.[16] 이는 잘못된 동기 부여 방식입니다. 이러한 행동 방식은 기업이 사용자에게 궁극적으로 전달하고자 하는 문화와 가치, 지표를 보여 줍니다.

이러한 이유로 저는 딸의 온라인 활동에 함께 참여하려고 노력합니다. 아이는 현재 12세 이상만 가입할 수 있는 로블록스에 계정을 가지고 있죠. 제가 아이에게 이 앱을 허락한 이유는 몇 가지 괜찮은 기능이 있기 때문입니다. 아이는 로블록스에서 다양한 것을 직접 제작하고 문제 해결 능력을 키울 수 있습니다. 그 덕분에 저도 아이와 함께 적극적으로 게임에 참여할 수 있죠. 아이는 마인크래프트의 열혈 팬이기도 해서, 얼마 전부터는 저와 함께 코딩을 배우고 있습니다. 이러한 앱들을 탐색하면서 아이는 앱이 어떻게 작동하는지 자세히 배우고 이해하기 시작했습니다. 저도 아이와 함께 배우는 이 과정을 통해, 막연한 불안감을 조금이나마 떨쳐 낼 수 있게 되었습니다.

아이와 함께 앱을 체험하면서 저는 아이의 활동을 가까이에서 지켜볼 수 있었고, 그것이 아이들이 사용하기에 안전한 앱인지 평가할 수 있게 되었습니다. 다시 한번 강조합니다. 아이와 함께 새로운 기술을 탐험하는 과정에서 적극적으로 아이의 길잡이가 되어 주세요. 그것이 바로 책임감 있는 부모의 행동이랍니다.

키즈 테크의 등장 · · · ·

아이들이 연령에 맞지 않는 앱을 사용하는 것이 문제가 되자, '키즈 테크kid tech'라고 불리는 신흥 시장이 생겨나고 있습니다. 아동을 위해 개발된 앱은 대부분 보호 규정을 준수하며 부모가 앱의 기능을 통제할 수 있다는 점에서 고무적이지만, 이러한 앱이 단순히 인기 있는 어른용 앱을 그대로 본떠 만들어졌다는 점은 다소 걱정됩니다. 심지어 스스로 '인스타그램과 비슷하지만 어린이를 위해 만들어졌다'

고 설명하는 앱이 상당히 많죠. 문제는 이런 플랫폼이 아이들을 계속해서 SNS에 접속하게 하는 '좋아요', 댓글, 팔로우 등의 기능을 그대로 차용하고 있다는 점입니다. 이렇게 만들어진 앱이 아이들의 일상으로 파고들면 아이들은 학습된 행동을 보이기 시작할 겁니다.

제 딸은 스냅챗의 필터나 고양이 귀와 같은 여러 효과를 이용해 사진을 꾸미고 찍는 데 아주 관심이 많습니다. 하지만 완성된 사진을 누군가와 공유하고자 하는 욕구는 전혀 없죠. 아이는 단순히 기술과 상호 작용을 하고 있는 겁니다. 물론 때가 되면 아이는 사회적 상호 작용을 원하게 되겠죠. 하지만 기업은 계속해서 아이들의 일상을 파고드는 앱을 만들어 내고, 사회적 확인에 집착하게 하는 각종 기능을 도입하고 있습니다.

예를 들어, 케일리가 온라인에서 사진을 꾸민 다음 올리면 팝잼은 '좋아요'와 같은 기능을 아이에게 소개합니다. 그러면 도파민 주기가 활성화되면서 아이는 '좋아요'와 같은 지표가 중요한 것이라고 인식하게 되죠. 아이는 갑자기 팔로워와 자기가 만든 게시물의 인기에 관심을 갖기 시작합니다. 물론 타인에게 인정받고자 하는 마음은 누구에게나 있습니다. 하지만 저는 아이들이 직관적으로 SNS 속 상호 작용을 갈망한다고 생각하지는 않습니다. '좋아요'나 팔로우 같은 기능을 제공하는 앱은 인간의 욕구와 뇌 화학 작용을 이용해 이익을 창출하고, 이것은 결국 중독과 과몰입의 단초가 될 수 있죠.

다행스러운 것은 아이들이 소셜 미디어 기능이 있는 앱에 그다지 관심을 두지 않는다는 사실입니다. 테크앤플레이는 최근 여러 가지 앱에 대한 아동의 관심도를 측정했습니다. 설문에 응답한 아동 중 75% 이상이 영상에 가장 높은 관심을 보였고, 40% 정도가 소셜 네트워킹에 흥미를 보였죠.[17] 아이들은 비디오 채팅, 독서, 교육, 게임에 높은 관심을 보이고 있었습니다. 우리가 목격한 변화의 흐름이 연구를 통해 다시 확인되었죠.

이는 긍정적인 일입니다. 아래에서 자세히 다룰 연구에서는 아동이 '좋아요'와 사회적 확인을 갈망하는 것이 일반적이지는 않지만, 아동이 그러한 기능에 노출되었을 때는 그것이 아이들에게 큰 의미로 다가올 수 있다는 사실을 보여 주기 때문입니다.

'좋아요'에 휘둘리는 삶 ····

디지털 시대를 살아가는 아이들을 위해 우리가 알아야 할 것은 콘텐츠의 유해성이나 기능의 타당성뿐만이 아닙니다. 아이들이 기술을 이용하며 성장하는 동안, 그들의 정체성과 자존감도 형성되기 때문이죠. 어른들의 충고가 아이들의 귀에 제대로 박힐 리 만무하겠지만, 오늘날 아이들은 보이지 않는 적과 싸우고 있습니다. 아이들은 온라인에서 본 누군가와 비슷해지고 싶다는 중압감에 시달리고 있습니다.

이와 관련해 영국에서는 심각한 결과의 보고서가 발표되었습니다. 《'좋아요' 안의 삶: 8~12세 아동의 소셜 미디어 이용에 관한 아동 위원회 보고서》는 아이들이 타인과 온라인으로 교류하고, 자신의 프로필을 만들면서 느끼는 감정에 대해 조사했습니다. 연구원들은 아이들의 네트워크가 가족과 친구를 넘어 확장되면서, 소셜 미디어 속 인물들과 자신을 강하게 비교하기 시작했다고 밝혔습니다. 유명 인사를 팔로우할 때, 아이들은 '비교 자체가 불가능하게' 느껴진다고 합니다.[18] 연구원들은 이렇게 이야기했습니다.

> 소셜 미디어에서도 진실한 모습, 진정성 있는 태도를 갖추는 것이 중요하다고 이야기했음에도 여학생들은 '예쁘게' 보이는 것에, 남학생들은 '멋있게' 보이는 것과 멋진 옷을 입는 것에 주로 신경을 씁니다.

내 사진에 '좋아요'가 달릴까? 오늘 내 모습은 괜찮은가? 이것은 공유할 만한 걸까?

보고서에 따르면 아이들은 친구에게서 '좋아요'와 댓글을 받았을 때 기분이 좋았다고 합니다. 일부 학생들은 이미 이러한 지표에 의존하기 시작했으며, '좋아요'를 많이 받을 수 있는 방법을 사용하기도 합니다. 아이들은 오프라인 활동을 할 때도 소셜 미디어에 올리기 적합한 모습에 대해 고민하며, '공유 가능한 렌즈'를 통해 세상을 바라보기 시작했습니다. 이 책의 초반부에서 아바타나 온라인 페르소나에 대해 이야기했던 것과 일맥상통하죠. 진정한 자신의 모습에서 멀어지고 있는 것입니다.

이 연구는 아이들이 디지털 세계를 접할 때, 아이들의 경험에 대해 함께 진솔한 대화를 나눌 필요가 있다는 점을 시사합니다. 대화를 통해 우리는 온라인 상호 작용이 아이들의 인격 형성에 어떠한 영향을 미치는지 이해할 수 있을 것입니다.

기술은 우리 생활 속에 있고, 아이들은 기술과 함께 살아갑니다. 이제는 아이들에게 스마트폰의 사용을 허락할 것이냐 말 것이냐가 아니라, '스마트폰을 어떻게 사용하도록 가르칠 것이냐'가 화두가 되어야 합니다. 부모로서 우리는 올바른 프레임을 제시하고, 상황에 맞는 적절한 질문을 던지고 있는지 끊임없이 확인해야 합니다. 부모들은 흔히 "아이들에게 스마트폰 사용을 몇 시간이나 허락하는 게 좋을까요?"와 같은 질문을 합니다. 사실, 이 질문은 잘못된 질문입니다. 다음 장에서는 아이들의 기술 사용과 관련해 적합한 질문을 던지는 것이 왜 중요한지를 설명하겠습니다.

7장

스마트 시대에
아이를
키운다는 것

바라만 볼 수는 없다

인앱 구매 사건

저는 최근 제 애플 계정에서 10달러가 결제된 사실을 확인했습니다. 판매 회사 이름을 보아도 어디서 결제된 것인지 알 수 없었죠. 어떻게 된 일인지 기억을 더듬다 깨달았습니다. 범인은 제가 아니라 제 딸이었습니다. 아이가 즐겨 하는 게임인 '대쉬 태그'에서 결제된 금액이었죠.

저는 몹시 화가 났습니다. 아이가 게임을 다운로드해 달라고 계속 조르는 통에, 저는 딸에게 비밀번호를 알려 주는 실수를 범했습니다. 나중에야 이런 실수를 하는 부모가 저뿐만은 아니라는 것을 알게 되었죠. 저는 아이를 믿었고, 아이가 이용하는 앱을 믿었습니다. 그건 지금도 마찬가지입니다. 하지만 아이에게 비밀번호를 알려 줌으로써 저는 아이가 감당할 수 있는 것보다 훨씬 더 많은 자유를 준 겁니다.

대쉬 태그 게임에는 돈처럼 쓰이는 보석이 있습니다. 보석으로 의상을 살 수도 있고, 캐릭터를 업그레이드하기도 하죠. 케일리는 스스로 앱에서 유료 결제를 하는 인앱 구매 in-app purchase를 한 겁니다. 요금이 청구되었을 때 저는 머리끝까지 화가 났습니다. 우리는 이에 대해 긴 대화를 나누었죠. 저는 아이에게 그 행동이 도둑질과 다름없다고 말했습니다. 우리는 신뢰를 저버리는 것이 무엇을 의미하는지, 그리고 다시 신뢰를 회복하는 데에는 시간이 얼마나 오래 걸리는지 이야기했습니다. 저는 당분간 딸의 스마트 기기 사용을 금지했고, 지금은 앱스토어에서 아이가 하는 모든 활동을 확인하고 있습니다.

일주일이 지난 뒤, 저는 놀랍게도 딸의 행동이 또래 압력에서 비롯된 것을 알게 되었습니다. 케일리의 친구들이 인앱 구매를 하자, 케일리는 자신이 뒤처지고 있다고 느낀 겁니다. 또래 압력이 의도된 것이든 아이가 그렇게 느낀 것이든, 케일리는 잘못된 행동임을 알면서도 그런 결정을 내린 것이죠.

이용하느냐, 조종되느냐 · · · ·

다른 부모들과 이야기하거나 업계 행사에 참석하면, 제가 어떤 일을 하는지 알게 된 부모들은 저에게 가장 먼저 "스마트폰 사용을 얼마나 허용해 줘야 하나요?"와 같은 질문을 합니다. 무슨 뜻으로 이런 질문을 하는지는 알지만, 저는 이것이 잘못된 질문이라고 이야기해 줍니다. 이용 시간 자체에 초점을 맞추기보다, 아이들이 스마트폰으로 무엇을 하는지 살펴보는 것이 더 중요하기 때문입니다.

하지만 아이가 하루 종일 스마트폰을 하게 두라는 이야기는 아닙니다. 저도 아이의 이용 시간을 제한하고 있습니다. 참고로 케일리는 평일에는 30분, 가라테 수업이 있는 날에는 45분, 주말에는 2시간 정도 스마트폰을 쓰고 있죠. 그 정도의 시간이 아내와 제가 편안하게 느끼는, 즉 케일리가 균형 있게 활동하고 있다고 느끼는 정도의 시간인 셈입니다.

여러분도 알다시피 이용 시간 자체는 문제가 아닙니다. 삶의 다른 요소들과 마찬가지로 스마트폰을 이용하는 것 또한 양보다 질이 훨씬 중요하죠. 스마트폰을 이용한 모든 활동을 동등하게 평가할 수는 없습니다. 재런 래니어가 인터뷰에서 지적했듯이, '이용하는 시간'과 '조종당하는 시간'에는 분명한 차이가 있습니다.

가상 현실 분야의 선구자이자, 모든 소셜 미디어에 대해 거침없는 비판을 쏟아 내기로 유명한 래니어는 온라인에서 우리의 시간이 어떻게 쓰이는지 설명했습니다. 우리는 온라인에 있는 내내 일종의 행동 교정을 경험합니다. 특히 그는 아이들이 알고리즘에 의해 감시 받고 왜곡된 시간을 보내는 것은, 스마트폰을 이용하는 시간 자체보다 훨씬 나쁘다고 이야기합니다.[1] 래니어가 주장하듯이, 조종당하는 시간은 반드시 부정적인 결과를 초래합니다.

그는 조종되는 것과 중독되는 것 사이에는 차이가 있다고 말합니다. 앞서 우리는 사용자들의 지속적인 앱 사용을 부추기는 도파민의 영향과, 소셜 미디어 플랫폼이 이를 이용해 사용자의 중독을 유도한다는 사실에 대해 이야기했습니다. 하지만 조종은 이와 다릅니다. 조종은 사용자들에게 영향을 미침으로써 물건을 구입하게 하거나, 선거에서 특정 후보에게 투표하게 하거나, 뉴스에 특정 방식으로 반응하게 하는 등 어떤 행동을 유도하죠.

알고리즘, 앱, 플랫폼들이 우리의 행동을 유도할 때 우리는 '화면의 노예'가 될 수 있습니다. 이런 메커니즘들이 우리를 화면 속에 붙잡아 두기 위해 배후에서 어떻게 작동하는지 인지하면 스스로 의도하지 않은 사이클에서 벗어날 수 있게 됩니다.

지금까지 플랫폼이 어떻게 사용자의 정보를 수집하고 저장하는지, 광고주와 제3자들은 이렇게 수집된 데이터를 어떻게 사용하는지에 대해 이야기했고 '화면의 노예'라는 용어를 소개했습니다. 이제부터는 여러분이 부모로서 경계해야 할 몇몇 구체적인 내용을 예로 들어보겠습니다.

유튜브 토끼굴

우리 집에서 '화면의 노예' 현상은 유튜브를 시청할 때 가장 많이 나타납니다. 저는 이것을 유튜브 토끼굴이라고 부릅니다. 유튜브는 끊임없이 영상을 추천하고 자동 재생하여, 사용자들이 다음 영상의 도입부, 혹은 중반부에 삽입된 광고를 시청하도록 합니다. 넷플릭스와 같은 VOD 구독 서비스에도 자동 재생 기능이 있어서, 여러분이 멈추지 않으면 다음 에피소드가 연이어 재생되죠. 넷플릭스에는 광고가 없지만, 자동 재생은 사용자를 계속해서 플랫폼에 붙잡아 두는 역할을 합니다.

저는 딸이 시청하기에 안전하고 적합한 채널과 재생 목록을 설정하여 아이가 가능한 한 그 범위를 벗어나지 않도록 하고 있습니다. 또한 케일리에게 유튜브에서 '다음 동영상 재생'을 클릭하면 어떻게 되는지 알려 주었고, 원래 보려고 했던 것과 전혀 다른 영상이 나

올 수도 있다는 것을 설명해 주었습니다. 또한 자동 재생 기능을 비활성화시켜, 딸이 직접 다음에 볼 영상을 선택할 수 있도록 했죠. 유튜브나 넷플릭스의 자동 재생 기능이 우리와 아이들을 플랫폼에 더 오래 잡아 두려는 의도로 만들어졌다는 것을 이해하고, 그 기능을 비활성화시키는 것은 화면의 노예가 되지 않는 데 매우 중요한 첫 걸음입니다.

알고리즘의 위험성

저는 앞서 알고리즘 자체는 적이 아니지만, 분명히 우리의 관심을 끌고 지속시키기 위해 만들어졌다는 사실에 대해 이야기했습니다. 아이들이 알고리즘에 노출될 때, 우리는 부모로서 이 사실을 알고 있어야 합니다. 만약 엄격한 감시가 없다면 저는 아이들에게 알고리즘을 통해 선별된 피드를 제공하는 페이스북, 인스타그램, 트위터, 스냅챗과 같은 플랫폼의 이용을 제한해야 한다고 생각합니다. 또한 부모들이 플랫폼 이용 약관의 연령 제한에도 주의를 기울일 것을 권합니다. 물론 저는 여덟 살과 두 살짜리 아이들을 둔 아버지이기 때문에 이러한 입장을 취할 수 있다는 것을 인정합니다. 아이들이 자라면 제 입장도 달라질 수도 있겠죠. 다만 제가 이야기하고자 하는 바는 만약 아이들이 이러한 플랫폼을 사용하고자 한다면, 그들이 과연 무엇을 하는지 지켜볼 방안이 마련되어야 한다는 것입니다.

유튜브는 특히 주의가 필요합니다. 앞서 이야기한 것처럼 6~12세의 아이들이 가장 널리 사용하는 플랫폼이기 때문입니다. 유튜브에는 '피드'라는 것이 없지만, 유튜브가 우리를 끌어들이기 위해 알고리즘을 사용하고 있다는 것은 기정사실이죠. 제 딸이 얼마나 유튜브를 좋아하는지 이미 언급했기 때문에, 저도 여러분에게 자녀의 유튜브 사용을 전면 금지하라고 이야기하지는 않겠습니다. 다만 '추천 영상'이 아이들을 토끼굴에 빠지게 할 수 있다는 것을 다시 한번 강조하고자 합니다. 유튜브 알고리즘은 시청 이력을 분석해 유사 콘텐츠를 추천하는 방식으로 작동합니다. 하지만 유튜브가 알고리즘을 사용하는 것은 여러분의 즐거움을 위해서가 아니라, 여러분을 화면의 노예로 만들어 가능한 한 많은 광고를 보여 주기 위함임을 잊지 말아야 합니다.

무분별한 광고만 위험한 것이 아닙니다. 최근 한 연구는 어린 아동들이 10개의 추천 영상을 거치면서 부적절한 콘텐츠를 클릭할 확률이 45%에 달한다고 발표했습니다.[2] 연구자들은 '정제되지 않은 콘텐츠가 알고리즘과 만났을 때의 위험성'에 대해 확인했습니다. 저 또한 연구자들의 우려에 공감합니다. 특히 가족끼리 기기나 계정을 공유할 때 그 위험성은 더욱 커질 것으로 생각됩니다. 알고리즘이 사용자를 구분하지 못한다면 추천 영상은 뒤섞이게 되고, 여러분의 청소년 자녀가 최근에 본 영상을 바탕으로 그와 비슷한 영상을 어린 동생에게 추천할 수도 있기 때문이죠.

지금까지 알고리즘은 취향에 맞는 콘텐츠를 제공함으로써 아이들을 화면의 노예로 만들 수 있다는 사실을 이야기했습니다. 그런데, 아이들이 SNS를 통해 얼마나 많은 사람이 나를 '좋아하는지' 확인하려 할 때, 보다 더 큰 위험에 직면할 수 있습니다.

아이들에게도 통하는 전략 · · · ·

플랫폼에서 널리 사용되는 허영 지표는 사용자로 하여금 사회적으로 인정받는다고 느끼게 하여 화면의 노예로 만듭니다. 이전에 이야기한 것처럼, '좋아요'와 팔로워 수는 도박과 같은 경로로 뇌의 도파민 분비를 촉진하죠. 우리는 소셜 미디어에 게시물을 올릴 때 보상을 기대합니다. 인정받고자 하는 인간의 욕망을 기업들이 이용하는 것은 결코 우연이 아닙니다. 이는 우리를 현혹하기 위한 의도적 전략이며, 지표의 노예가 된 사용자가 증가하면 할수록 플랫폼은 이득을 취하게 됩니다.

기업은 이용자를 플랫폼에 붙잡아 두기 위한 수단으로 도파민 보상 체계와 소외를 두려워하는 불안 심리FOMO를 이용해 왔습니다. 이 같은 전략은 우리 아이들에게도 유효할 것입니다. 하지만 저는 우리 아이들이 이러한 위험을 떠안지 않기를 바라기 때문에, 제 딸이 허영 지표를 보여 주는 SNS에서 멀어지도록 하고 있습니다.

인플루언서 마케팅

2018년 유튜브에서 가장 많은 수익을 올린 채널은 라이언이라는 일곱 살 남자아이의 장난감 소개 채널이었습니다. 라이언은 이 채널을 통해 2018년 한 해 동안 약 2200만 달러를 벌어들였고, 어린이 인플루언서를 뜻하는 키드플루언서kidfluencer 현상의 신호탄을 쏘아 올렸습니다. 라이언이 유튜브에서 아이들을 대상으로 한 마케팅에 성공한 것은 조작의 한 예에 해당합니다. 조작이 아이들을 대상으로 이루어졌다는 점은 꽤나 충격적이죠. '언박싱 영상'은 유튜브에서 흔히 볼 수 있는 콘텐츠로 아이들의 흥미를 끌기 매우 쉽지만, 아이러니하게도 아이들은 애당초 플랫폼의 이용 대상자가 아닙니다.

유튜브에서의 성공을 바탕으로 라이언은 포켓워치라는 회사와 손을 잡았습니다. 키드플루언서들의 유튜브 채널을 하나의 브랜드로 성장할 수 있게 도와주는 회사죠. 지난해 라이언은 포켓워치를 통해 자신만의 장난감 라인을 출시했으며, 자신과 닮은 캐릭터를 사용하는 비디오 게임에도 등장하고 있습니다. 뉴욕에 방문했을 때에는 타임스퀘어에서 라이언의 새로운 TV 프로그램 광고를 보기도 했습니다.

이런 종류의 콘텐츠가 가지는 문제점은 그것이 실상은 광고라는 것을 명백하게 드러내지 않는다는 것입니다. 인플루언서 마케팅은 최근 모든 플랫폼, 특히 인스타그램에서 광범위한 조사를 받았습니다. 콘텐츠가 유료 광고라는 점을 명시해야 한다는 지침이 잘 지켜지지 않았기 때문이죠. 어떤 인물이 특정 제품이나 브랜드를 홍보한다면, 그 사람은 어떤 식으로든 보상을 받았을 가능성이 매우 큽니다. 대부분의 성인은 이 사실을 인지하지만, 아이들에게 그런 분별력을 기대하기는 어렵죠. 다행히도 제 딸은 이런 종류의 영상에 큰 관심을 보이지는 않습니다. 만약 아이가 관심을 보였다면 저는 어떻게 했을까요? 아이에게 다른 영상을 보여 주려고도 했겠지만, 그와 더불어 아이에게 인플루언서 마케팅이 어떤 식으로 이루어지는지도 설명했을 겁니다.

목표 전략　　　　　　　　　　　　　　· · · ·

많은 앱과 플랫폼이 사용자를 화면의 노예로 만들기 위해 어떠한 '목표'를 사용합니다. 책의 앞부분에서 몇 가지 예를 들었던 것이 기억나시나요? 스냅스트릭스는 플랫폼이 목표를 이용해 사용자의 행동을 자극하는 것을 보여 주는 좋은 예입니다. 스냅챗은 여러분과 여러분의 친구들 중 적어도 한 명이 매일 플랫폼을 이용하기를 바랍니다. 무엇을 위해서일까요?

스트릭을 이어가도록 하기 위해서죠. 이것이 바로 목표를 이용해 우리를 현혹하는 방식입니다. 이러한 방식이 긍정적으로 작용하는 경우도 있습니다. 예를 들어, 우리는 헬스장 연속 출석 기록을 세우기 위해 매일 헬스장에 나가기도 하죠. 하지만 플랫폼은 일간 및 월간 활성 사용자 수를 늘리기 위한 수단으로 목표를 사용합니다. 스냅스트릭스 외에도 스냅챗 스코어, 팔로워 수, '좋아요' 수, 특정 팔로워 수에 도달하면 열리는 기능이나 플랫폼의 팔로워 수 등이 목표를 이용해 사용자 수를 늘리려는 전략에 해당됩니다.

이러한 목표 전략이 가지는 문제점은 무엇일까요? 때로는 사용자가 이러한 목표나 지표를 달성하기 위해 지켜야 할 선을 넘을 수도 있다는 것입니다. 여행 중에도 스냅스트릭스를 유지하기 위해 자신의 비밀번호를 타인에게 공유하는 아이나, 1000점의 스냅챗 점수를 획득해야 한다는 압박감을 느끼는 아이의 이야기는 수많은 예시 중 일부에 불과합니다.

고래를 낚는 미끼 · · · ·

어린 사용자들은 특히 조작에 취약하기 때문에, 개인 정보 보호 단체와 아동 단체들은 이를 주목하고 있습니다. 2019년 초, 이 단체들은 게임 내에서 구매할 수 있는 구조를 만들었다는 이유로 페이스북을 FTC연방거래위원회에 제소했습니다. 페이스북을 제소한 단체는 아이들이 부모의 허락 없이도 구매를 진행할 수 있으며, 어린 사용자들은 일부 아이템에 비용이 발생한다는 사실을 인지하지 못하는 경우도 있다고 주장했습니다.[3]

일각에서는 부모의 계정을 통해 인앱 구매를 하는 일부 어린 사용자를 '고래'라 부르는데, 이는 도박에서 거금을 베팅하여 카지노에 큰 이득이 되는 사람을 일컫는 용어에서 온 말입니다. 소셜 미디어와 앱 회사들은 이 용어를 앱 관련 구매를 많이 하는 어린이와 청소년을 지칭하는 말로 사용합니다. 이에 대해 뉴욕타임스 기사에서는 이렇게 말합니다.

> 많은 모바일 게임에 어린이를 부추겨 부모의 신용 카드로 인앱 구매를 유도하는 요소들이 있다. 이러한 행태는 상당히 보편화되어 '미끼 앱'이라는 신조어가 생길 정도이며, 집단 소송의 대상이 되고 있다.[4]

미끼 앱은 추가 기능을 기존 계정 및 결제 방식과 연결하여 손쉽게 구매가 이루어지도록 합니다. 처음에는 어린이들에게 가볍게 플랫폼에 접근해 체험해 볼 기회를 주지만, 이후에는 공짜로 가질 수 없는 추가 상품들을 보여 주며 아이들의 애를 태우죠. 화면의 노예가 된 어린이들을 고객으로 만드는 기업의 전략입니다.

이는 큰 문제입니다. 지난 2014년 FTC는 애플 측에 자녀들이 부모의 동의 없이 앱스토어를 통해 구입한 항목에 대하여 3250만 달러 이상을 환불하도록 조치했습니다.[5] 같은 해, 구글도 부모의 동의 없는 인앱 구매에 대해 최소 1900만 달러를 환불했습니다.[6] 2017년 FTC는 아마존에도 7000만 달러 이상의 인앱 구매액을 환불하도록 조치했죠.[7]

여기서 더욱 심각한 점은 플랫폼이 인앱 구매의 문제점에 대해 인지하고 있으면서도 그것을 멈추지 않는다는 것입니다. 각 플랫폼에는 추가 구매를 유도하는 프로그램을 만드는 팀이 있습니다. 케일리의 행동에 대해 변명하는 것은 아니지만, 저는 아이가 어떻게 그것에 빠지게 되었는지 이해가 됩니다. 어린이와 청소년은 민감하며 쉽게 영향을 받습니다. 그들이 즐기는 게임의 반대편에는 아이들의 행동에 관여하려는 욕망에 찬 개발자들이 있죠. 유료 결제와 또래 압력의 기로에 선 아이들에게 인앱 구매의 유혹을 뿌리치는 것이 얼마나 어려울지 짐작이 됩니다.

현명한 스마트폰 사용 ····

제가 과학 기술에 대한 공포감을 조장하려는 것은 절대 아닙니다. 저는 오히려 기술이 우리와 우리 아이들에게 긍정적인 영향을 줄 수 있다고 굳게 믿는 사람이죠. 아이들이 손끝으로 접근할 수 있는 엄청난 정보의 양에 대해 한번 생각해 보세요. 책임감 있게 사용한다면 기술은 우리에게 모험의 세계로 가는 길을 활짝 열어 줄 것입니다.

오늘날 지식에 접근하는 방식은 제가 어릴 때는 상상도 할 수 없던 것입니다. 제가 얻을 수 있는 지식은 동네 도서관이나 부모님의 백과사전에 있는 것이 전부였죠. 저는 처음으로 시디롬CD-ROM 형태의 백과사전을 보았던 날을 아직도 기억합니다. 지금 보면 골동품이나 다름없지만, 그 당시에는 매우 충격적인 경험이었죠. 열성적인 학생이었던 저는 성적을 올리기 위해 이 새로운 기술에 의존했습니다. 하지만 용량 700메가바이트의 시디롬 백과사전은 현재 인터넷에서 얻을 수 있는 정보의 양에 비하면 아무것도 아닌 수준입니다. 구글, 아마존, 마이크로소프트, 페이스북 서버에만 약 120만 테라바이트의 데이터가 있다고 추정되죠! 제가 어릴 때 접하던 것과는 비교도 안 될 만큼 훨씬 많은 정보가 존재하는 겁니다. 책임감 있게 사용한다면, 수많은 정보는 이 시대의 학생들에게 귀중한 자료가 될 것입니다.

저는 현대 기술이 어떻게 아이들에게 영감을 주는지 직접 목격했습니다. 케일리는 기술을 통해 자신이 원하는 모든 것을 배울 수 있습니다. 저는 아이에게 올바른 검색을 하고 결과가 믿을 만한지 판별하는 방법을 가르쳐 주었습니다. 이번 주에 아이는 탄생석에 대해 배웠습니다. (그리고 제 탄생석인 루비가 아이의 탄생석인 오팔보다 예쁘다고 결론지었죠.) 저의 감독하에 아이는 로블록스나 마인크래프트처럼 문제 해결 능력, 창의력, 협동 능력을 키우는 데 도움이 되는 게임도 합니다. 아이는 온라인에서 친구들과 함께 문제를 풀고 게임을 즐기지만, 알지 못하는 사람들과 접촉하는 것은 금지하고 있습니다.

덧붙여, 기술에 관해 이야기할 때는 사람 간의 '연결'을 빼놓을 수 없습니다. 제 딸은 인터넷이 생기기 전에는 불가능했던 방식으로 친척이나 친구들과 연락을 주고받을 수 있죠. 2017년에 우리 가족이 캘거리에서 밴쿠버로 이사했을 때, 아이는 친구들과 헤어져야 했습니다. 과거에는 다른 곳으로 이사 간 친구의 얼굴을 다시 보기가 어려웠죠. 하지만 요즘 케일리는 영상 통화를 이용해 멀리 있는 친구나 친척들과 이야기를 나눕니다. 심지어 캘거리의 할아버지 댁에 갈 때, 1년 넘게 만나지 못했던 옛 친구들의 집에서 자고 올 계획을 세우기도 하죠.

케일리는 온라인 독서도 아주 좋아합니다. 우리는 수만 권의 책을 볼 수 있는 앱을 구독하고 있죠. 아이는 이제 막 3학년을 마무리 짓고 있는데, 지금까지 앱을 통해 1112권의 책에서 7만 1000페이지 이상을 읽었으며, 책 읽기로 217시간을 보냈습니다.

마지막으로, 스마트폰의 화면은 무한한 즐거움을 제공합니다. 물론 제가 어릴 때도 TV는 있었지만, 아이들이 볼만한 프로그램은 하루에 몇 시간 나오지 않았죠. 넷플릭스, 유튜브, VOD 덕분에 제 딸은 항상 수준에 맞고 재미있는 콘텐츠를 즐길 수 있습니다. (제가 적극적으로 감시하는 한 말이죠.) 우리는 많은 프로그램을 같이 보고, 딸은 제가 미리 허락한 유튜브 채널을 보며 시간을 보냅니다. 솔직히 말하자면, 저희 부부는 두 살짜리 아들에게 가끔 〈아기 상어〉를 보여 줍니다. 아이는 아기 상어를 무척 좋아하고, 저희는 잠깐의 휴식 시간을 얻을 수 있죠. 하지만 우리는 아이가 토끼굴에 빠지지 않도록 무척 주의하고 있으며, 자동 재생 기능도 꺼 두었습니다. 저는 광고가 없는 유튜브 프리미엄을 구독하고 있습니다. 가정에서 유튜브를 사용하기 때문에, 광고를 시청하기보다는 플랫폼에 비용을 지불하는 편을 택하기로 결정한 것입니다. 그 결정이 플랫폼의 모든 위험성을 없애 주지는 않지만, 도움이 되고 있다는 것은 분명한 사실입니다.

지금까지 말씀드린 것은 스마트폰 이용이 제 가족에게 미치는 좋은 영향의 일부에 불과합니다. 인터넷의 가치 있는 정보들은 어른의 적절한 감독을 통해 아이들의 학습에 도움을 줄 수 있습니다. 적절한 게임도 여러 능력을 향상시키는 데 도움을 줄 수 있죠. 스마트폰은 사랑하는 사람들과의 연결을 도와줍니다. 그리고 〈아기 상어〉는 아이들에게 기쁨을 주죠. 아이들이 스마트폰 이용을 즐기는 것과 화면의 노예가 되는 것에는 큰 차이가 있습니다.

화면의 노예	현명한 스마트폰 이용자
• 토끼굴	• 정보로의 접근
• 알고리즘	• 학습
• 사회적 확인과 비교	• 문제 해결 능력
• 키드플루언서	• 창의력
• 임의의 목표	• 협동 능력
• 인앱 구매	• 연결
	• 독서
	• 감독 하에서의 오락 활동

이것이 제가 이 두 가지를 분명히 구분하는 이유이자, '사용 시간'에 관한 부모들의 질문이 잘못되었다고 말하는 이유입니다. 저는 케일리가 두 시간 동안 앱으로 책을 읽거나 할아버지, 할머니와 영상 통화를 하는 것이 10분 동안 '좋아요'나 팔로워를 갈구하는 것보다 훨씬 좋습니다. 다시 말씀드리지만, 스마트폰을 비롯한 전자 기기 이용은 양이 아닌 질의 문제입니다.

부모의 책임 · · · ·

부모들은 아이들의 온라인 활동을 모니터링할 책임이 있습니다. 플랫폼의 이용 약관처럼 특정 나이가 될 때까지 아이의 앱 이용을 허락하지 않는다고 해도, 아이들을 가르치고 이끄는 것은 여전히 여러분의 몫입니다. 만일 여러분이 자녀에게 어린이 전용 앱이 아닌 일반 앱의 사용을 허락한다면, 안전하게 온라인 활동을 할 수 있도록 돕는 것은 훨씬 더 중요한 일이 되죠. 사용자를 플랫폼으로 끌어들여 돈을 버는 것이 목적인 미디어 회사들에게 부모의 역할까지 기대할 수는 없습니다.

앞서 유튜브 키즈의 예에서 본 것처럼, 매 순간 업로드되는 콘텐츠의 양은 믿기 어려울 정도로 많아서 모든 콘텐츠를 일일이 확인할 만큼 많은 수의 직원을 고용하기는 어렵습니다. 유해 콘텐츠를 걸러 내고, 가짜 계정을 삭제하는 활동 대부분은 인공지능과 기계 학습을 통해 이루어집니다. 하지만 이런 조치들이 이루어지고 그 수준이 높아진다 해도, 우리는 여전히 비판적인 시선을 유지해야 할 것입니다. 어린이를 위한 앱에도 예외는 없죠.

물론 쉬운 일은 아닙니다. 우리는 콘텐츠가 아이들에게 안전한지 확인하는 것 외에도 해야 할 일이 있습니다. 아이들이 부적절한 콘텐츠를 접했을 때, 그것에 대해 보호자에게 편히 이야기할 수 있도록 대화를 나누어야 합니다. 저의 경우, 케일리가 무언가 부적절한 것을 보았을 때 그 사실을 털어놓는 것을 안전하고 편안하게 느낄 수 있도록 하는 데 중점을 두었습니다. 만약 아이가 부적절한 것을 보고 있다면, 부모들은 본능적으로 그 플랫폼이나 스마트폰의 사용을 금지하려 들 수 있습니다. 하지만 그런 조치를 취한다면 아이는 앞으로 자신이 본 부적절한 것에 대해 부모에게 더 이상 이야기하지 않을 겁니다.

제가 가장 중요시하는 것은 안전한 문화와 개방적인 대화 환경을 만드는 일입니다. 이것이 모든 것을 파악하기 위한 유일한 방법이라고 자신 있게 말할 수 있습니다. 열한 살 아이들이 밤에 불을 끄고 자기 방에서 핸드폰으로 무엇을 보고 있는지 누가 알 수 있을까요? 예를 들어 유튜브 영상의 댓글 창은 아이들의 정서에 끔찍한 영향을 미칠 수 있습니다. 아이들이 보고 있는 영상이 '적절한' 것이라 해도, 댓글이 악의적이라면 문제가 되지 않을까요? 사람들은 온라인에서 서로를 험하게 대하는 경향이 있고, 부적절한 내용은 언제 어디서나 존재하기 마련입니다. 물론 앞서 이야기했듯, 플랫폼이 아이들에 대한 정보까지 수집하고 있다는 사실도 우리가 중대하게 생각해야 할 사안입니다. 만약 부모로서 이러한 점이 걱정된다면, 잠자리에 들기 전 침실을 전자 기기가 없는 공간으로 만들 것을 권합니다.

건강한 습관 만들어 주기   ....

스마트폰이 없는 알래스카 대자연 한복판으로 이사할 수 있는 상황이 아니라면, 부모는 무엇을 해야 할까요? 어린아이들이 소셜 미디어를 사용하면 어떤 결과가 초래되는지 아직 명확히 밝혀지지는 않았지만, 이 문제를 떠나서 여러분은 자녀에게 온라인 세계를 어떻게 소개할 것인지 마음의 결정을 내려야 합니다.

지금 제 두 살배기 아들은 가장 좋아하는 동요가 나오는 유튜브 영상을 보고 있습니다. 어린아이들에게 보여 줄 콘텐츠를 고르기는 비교적 쉽습니다. 물론 이 어린아이도 언젠가 케일리처럼 온라인 세계를 스스로 탐험하게 될 것이고, 그렇게 되기까지 그리 오래 걸리지는 않을 것입니다. 아이들이 스스로 탐색하고 원하는 대로 검색하기 시작하면서(그리고 유튜브의 추천 영상을 따라가기 시작하면서), 부모의 역할은 콘텐츠를 제공하는 것에서 아이들이 능동적으로 인터넷을 이용할 수 있도록 준비해 주는 것으로 변화합니다.

비록 모든 온라인 콘텐츠의 세세한 부분까지 감시하는 것은 불가능하지만, 아이들이 올바른 소셜 미디어 사용 습관을 기를 수 있도록 우리가 도울 수 있는 부분이 있습니다. 아이들에게 전자 기기와 미디어 사용을 허락하기로 했다면, 여러분이 부모로서 할 수 있는 최선은 결정한 바를 신속하게 시행하고 아이들이 접하는 콘텐츠에 대한 책임을 지는 것입니다.

어떤 것이 적절하고 어떤 것이 적절하지 않은지 판단하는 절대적인 지침이 있는 것은 아니지만, 제 아이들이 인터넷 세계에 발을 딛는 것을 보면서 제가 유용하다고 여긴 몇 가지 지침은 있습니다.

화면 속 시간 vs 현재의 시간 ....

르네 보몬트 박사는 아이들이 스마트폰 화면 안팎에서 어떻게 시간을 보내는지 살펴보는 것이 중요하다고 지적합니다. 화면을 보며 너무 많은 시간을 보낸다면 아이들은 인생의 다른 중요한 활동들을 놓치게 될지도 모릅니다.

> 화면 속에 빠지는 시간 때문에 학업, 독서, 창작 활동, 신체 활동, 수면 및 형제나 친구들과 어울리는 시간이 줄어들 수 있습니다. 이 모든 활동은 아이들이 성인이 되었을 때 자신의 잠재력을 끌어내고 필요한 능력들을 함양하는 데 중요한 역할을 합니다.[8]

보몬트 박사는 교육적인 콘텐츠를 접하고, 가족이나 친구들과 연락하고, 새로운 콘텐츠를 만드는 데 스마트폰을 사용할 것을 추천합니다. 또한 그녀는 아이들이 새로운 앱을 접하는 것에 대해 재런 래니어와 같은 의견을 이야기했습니다. 아이들이 광고를 접하지는 않는지 주의하고, 앱이 어떻게 아이들을 조종해서 구매를 유도하는지 아이들에게 알려 주는 것이 중요하다는 것입니다.

창작과 소비 · · · ·

보몬트 박사는 또 다른 중요한 요소를 언급했는데, 이는 아이들이 스마트폰을 이용할 때 제가 고려하는 것이기도 합니다. 전자 기기 사용이 다른 활동과 적절한 균형을 유지하도록 하는 것과 더불어, 창작과 소비 간에도 균형을 이룰 수 있도록 하는 것입니다. 창작 활동은 사진이나 동영상을 찍어 가족들과 사적으로 공유하는 것일 수도 있고, 앱을 사용해 그림을 그리거나 색칠하는 것일 수도 있으며, 마인크래프트나 로블록스의 세계를 만드는 것일 수도 있습니다. 케일리의 나이가 어려도 제가 게임을 허락한 이유는 로블록스가 갖는 창조적인 면 때문입니다. 대신 저는 아이가 그 앱을 어떻게 사용하는지, 혹시 낯선 사람들과 마주치지는 않는지에 대해 아이와 정기적으로 상의합니다.

물론 아이는 유튜브도 봅니다. 지난날을 떠올려 보면, 제가 귀가했을 때 소파에 앉아서 입을 벌린 채 유튜브를 시청하고 있는 아이의 모습을 자주 목격했던 것 같습니다. 그때부터 저는 어떻게 하면 창작과 소비의 균형을 유지할 수 있을지 생각해 왔습니다.

진입 차선을 찾아서 ....

디지털 사용 능력 분야의 전문가이자, 사이버시빅스Cyber Civics와 사이버와이즈Cyberwise의 창립자인 다이애나 그래버Diana Graber는 아이들과 기술에 관한 책《디지털 세계에서 인간을 키운다는 것 Raising Humans in a Digital World》의 저자이기도 합니다. 이 책에서 그래버는 '디지털 진입 차선'이라는 용어를 사용하는데, 저는 이 용어가 제가 아이들에게 해 주고자 하는 바를 완벽하게 표현했다고 생각합니다. 그녀는 발도르프 교육자인 패티 코널리Patti Connolly의 말을 인용합니다. "어린아이들이 화면(스마트폰)을 바르게 사용하는 방법에 대해 고민하지 않기에는, 스마트폰의 좋은 점이 너무도 많다."[9] 저는 이 말에도 크게 공감했습니다. 그래버는 '디지털 진입 차선'에 대해 이렇게 설명합니다.

> 자동차가 고속도로에 걸맞은 빠른 속도에 도달할 때까지 안전하게 가속할 수 있도록 해 주는 고속도로의 진입 차선처럼, 디지털 진입 차선 또한 초고속 정보 통신망으로의 진입에 있어 같은 방식으로 작

용할 수 있습니다.

그녀는 뒤이어 진입 차선의 몇 가지 좋은 예를 소개하는데, 사랑하는 사람들과의 화상 통화, 교육 콘텐츠 함께 시청하기, 친구와 가족에게 함께 이메일 쓰기, 친척들에게 문자나 사진 보내기, 가족 친화적인 비디오 게임하기, 정보 검색 등이 포함됩니다.

그래버는 사랑하는 사람들과 연결해 주고, 새로운 것을 배울 수 있고, 창조적인 활동을 가능하게 해 주는 기술의 긍정적인 면에 초점을 맞추는 것이 평생 지속될 올바른 온라인 습관을 길러 준다고 결론짓습니다. 제가 케일리와 하는 활동들 또한 그래버가 제시한 범주에 완벽히 들어맞으며, 저는 이 활동들이 믿을 수 없을 정도로 큰 도움이 된다는 것을 알고 있습니다.

부모를 위한 지침 ....

스스로의 습관을 점검하세요

자신의 행동을 주의 깊게 살펴보세요. 우리는 우리의 온라인 습관을 아이들에게 끊임없이 드러내며, 흔히 위선적인 모습을 보이곤 합니다. 저는 아이의 온라인 활동에 대해 나무라고 스마트폰 사용을 금지한 후, 바로 자신의 인스타그램으로 눈길을 돌리는 부모를 셀 수 없이 보았습니다. 많은 부모, 그리고 대부분의 어른은 아이들만큼 온라인 활동에 집착합니다. 만약 아이들이 핸드폰에 빠진 여러분의 모습을 본다면 틀림없이 부모님이 하는 행동을 따라 하고 싶어 할 것이고, 여러분이 활동하는 플랫폼을 이용하고 싶어 할 것입니다.

헤드폰 사용을 감시하세요

만화 주인공 도라가 거친 말을 내뱉는 영상을 케일리가 발견했던 것을 기억하시나요? 저는 케일리가 얘기해 주기 전까지는 이를 알아채지 못했습니다. 아이가 헤드폰을 쓰고 있었기 때문이죠. 많은 콘텐츠가 눈으로 보기에는 괜찮아 보이지만, 눈에 보이는 것 이상의 무언가가 있을 수 있습니다. 아이들이 보는 콘텐츠에서 어떤 말이 나오는지를 잘 듣고, 어떤 종류의 콘텐츠를 아이 혼자 들을 수 있게 허락해 줄지 생각해 보는 것이 중요합니다.

끝까지 들어 보세요

저는 케일리가 온라인에서 접할 수 있는 부정적인 요소에 대해 시간을 두고 천천히 생각해 보았습니다. 더빙된 욕설, 악의적인 댓글, 허영 지표들이 가장 먼저 떠올랐죠. 아이들이 온라인에서 무언가 나쁜 것을 보고 이를 알렸을 때, 여러분은 자신의 반응에 주의해야 합니다. 부모들은 즉각적으로 "더 이상 유튜브를 보여 주지 않을 거야"라고 반응하는 경우가 많습니다. 하지만 이런 반응은 아이들의 입을 막는 지름길입니다. 이후 아이들은 어딘가에서 부적절한 콘텐츠를 보아도 여러분에게 이야기하지 않을 가능성이 크죠. 사실을 알린 대가로 무언가를 금지 당했다면, 아이들은 사실대로 이야기 하지 않게 될 겁니다. 여러분의 아이가 온라인에서 본 부적절한 콘텐츠나 행동에 대해 여러분에게 이야기할 경우, 우선 그 사실을 여러분에게 알려주었다는 점을 긍정적으로 평가하는 것이 중요합니다. 그리고 그 콘텐츠가 아이들이 활동하는 플랫폼 내에서 어떤 의미를 갖는지에 대해 폭넓은 토론을 할 수 있습니다.

먼저 테스트해 보세요

요즘은 부모들이 앱을 미리 점검해 볼 수 있도록 어떤 게임이나 앱의 장단점에 대한 자료를 제공하는 교육 단체도 있습니다. 저는 부모들이 아이들의 플랫폼 사용을 허락할지 고민할 때마다 최신 뉴스를 많이 찾아볼 것을 권하고 있지만, 가장 좋은 방법은 먼저 직접 앱을 테스트해 본 후 아이들이 이용할 수 있도록 하는 것이라고 생각합니다.

5~8세 사이의 아이들은 종종 혼자 힘으로 탐색하고 사회적 무리를 형성하기 시작하지만, 그들의 중심에는 여전히 가족이 있습니다. 제 딸은 저와 함께 무언가를 하고 싶어 하고, 자신이 가장 좋아하는 게임에 저를 끌어들이면서 매우 기뻐합니다. 그래서 아이의 전자 기기 이용 시간 중 일부는 우리가 함께 보낼 수 있는 시간이기도 합니다. 함께하는 시간은 언제나 즐겁죠. 온라인 세계에서는 아이가 직접 여러분에게 게임을 안내하고, 게임에 대한 모든 것을 설명해 줄 수 있습니다. 이를 통해 여러분은 공동체 의식을 갖게 되고, 플랫폼

이 무엇이며 아이의 삶에 어떤 의미를 갖는지 제대로 이해할 수 있게 됩니다.

여기, 아이가 사용하는 애플리케이션을 평가할 때 도움이 되는 몇 가지 질문이 있습니다.

이 앱이 가진 커뮤니티의 크기를 확인하세요. 친구들만 만날 수 있나요, 아니면 낯선 사람들과도 만날 수 있나요?

어떤 방식으로 다른 사람들과 만날 수 있나요?

부모가 앱에서 일어나는 일을 확인할 수 있나요? 그렇다면 어떤 방식으로 개입할 수 있나요?

사용자는 앱에 있는 사람들과 어떤 방식으로 소통할 수 있나요?

아이들이 개인 정보를 공개하기 쉽게 되어 있나요?

알고리즘에 의한 광고나 인앱 구매와 같은 요소에 노출될 수 있나요?

게임에서처럼 돈이 어떤 식으로든 사용이 되나요?

'좋아요', 팔로워 수, 댓글과 같은 사회적 확인 기능이 있나요?

아이들과 함께 이러한 요소들을 탐색하고 평가하면서 발견한 점에 관해 대화를 나누세요. 어떤 행동과 콘텐츠가 위험하거나 적절하지 않은 것인지 아이들에게 알려 주는 것이 좋습니다. 아이들이 사회적 관계의 영향에 대해 이해할 수 있도록 도와주세요. 아이들이 불편한 것을 마주쳤을 때 여러분에게 말할 수 있도록 대화의 문을 열어 두어야 해요. 개방적이고 지속적인 대화를 나눔으로써 여러분은 점점 늘어나는 자유에 아이들을 대비시킬 수 있을 겁니다.

나이에 맞는 의사소통 방법 · · · ·

아이들은 나이에 따라 자연스럽게 다른 콘텐츠에 관심을 갖게 되며, 각각의 단계마다 나름의 과제가 따릅니다. 제가 갓난아기인 아들과 온라인 안전에 관해 대화를 나눌 필요는 없죠. 아이는 아직 인터넷 근처에도 갈 줄 모르니까요. 하지만 여덟 살이 된 딸과는 온라인 안전에 관한 대화를 나누고 있습니다. 아이들은 10대가 되면 자연스럽게 소셜 미디어에 빠져들고, 사회적 비교에 더 민감해질 겁니다. 아마도 다른 친구들처럼 '좋아요'와 팔로워 수를 소중하게 생각하게 되겠죠. 그때 우리가 나눌 대화는 지금 우리가 나누는 대화와는 전혀 다른 내용일 겁니다.

솔직히 말하자면, 케일리가 열세 살 사춘기가 될 때까지 기다리고 싶지 않습니다. 제가 열세 살일 때를 생각해 보면 저도 부모님의 조언에 전혀 귀를 기울이지 않았으니까요. 하지만 지금부터 기술에 관해 대화하기 시작하면, 우리는 기술의 어떤 것이 가치 있으며, 어떤 것이 그렇지 않은지 각자의 생각을 다듬을 시간을 갖게 됩니다.

케일리가 팝잼을 이용하는 것을 보고, 저는 아이가 사용하는 기능에 대해 걱정하게 되었죠. 그때 우리는 제가 왜 그 앱의 사용을 반대하는지에 대해 긴 대화를 나누었습니다. 페이스북이나 스냅챗과 같은 소셜 미디어가 아이의 인생에 들어오는 것에 대해서도 이미 의견을 나눈 바 있죠. 저는 지금 이런 대화를 케일리가 열세 살이나 열네 살이 되어서야 처음 나누지 않도록 준비 작업을 하는 겁니다. 그리고 아이가 발을 들이는 온라인 세계를 이해하기 위해 노력하고 있습니다.

이제 아동의 발달 과정에서 연령대에 따라 아이들은 무엇을 탐구하고, 부모는 어떻게 도와야 할지 자세히 살펴보도록 하겠습니다.

4~5세

이 나이가 되기 전까지 아이가 겪는 인터넷 노출은 부모가 보여주는 유튜브 콘텐츠 정도에 불과할 것입니다. 4~5세가 되면서 아이들은 인터넷을 둘러보기 시작하는데, 이때 나이에 맞는 대화를 시작하는 것이 중요합니다.

아이들이 어느 플랫폼에 접근하든 그것은 사실상 인터넷 세계 전체에 연결되는 것이고, 대중에게 노출되는 것이라는 점을 명심하세요. 아이들은 유튜브 영상 하단에 있는 댓글 창을 볼 수도 있고, 심지어 게임 안에서 사람들과 상호 작용을 할 수도 있습니다. 나이에 맞게 콘텐츠를 조정해 주는 어린이 전용 앱이 매력적으로 보일 수도 있지만, 여러분은 아이들의 콘텐츠 노출을 관리할 책임을 전적으로 외부에 떠넘길 수는 없습니다. 이전에 강조했던 유튜브 키즈의 예를 떠올려 보세요. 기업이 단독으로 콘텐츠를 관리하기에는 콘텐츠의 양이 너무 많습니다.

예상치 못한 콘텐츠나 광고에 아이를 노출시킬 수 있는 것, 즉 자동 재생과 같은 기능을 주의하세요. 어쩌면 넷플릭스가 때로는 유튜브보다 더 나은 선택일 수 있습니다. 넷플릭스 또한 알고리즘이 콘텐츠를 추천해 주는 것은 마찬가지지만, 아동용 카테고리 내에서 추천해 주는 경우가 많을 뿐만 아니라, 광고가 없기 때문이죠. 아이가 헤드폰을 쓰고 영상을 보는 것은 여러분이 콘텐츠를 파악하기 어렵게 만들기 때문에 더욱 주의해야 합니다.

6~8세

저는 이 시기의 아이들에게 약간의 자율성을 주어 스스로 온라인을 탐험할 수 있게 하는 것이 자신감이나 호기심, 창의성 면에서 도움이 된다고 생각합니다. 아이들의 온라인 활동 범위를 넓혀 줄 때, 여러분은 아이들의 가까이에서 이끌어 주고 콘텐츠를 조정해 주며 아이들이 접근하는 것에 대해 이해할 수 있도록 도와줄 준비가 되어 있어야 합니다. 광고나 인앱 구매뿐만 아니라, 사회적 확인과 허영 지표를 부추기는 기능도 경계해야 하죠.

제가 했던 실수를 반복하지 마세요! 비밀번호는 여러분이 관리해야 합니다. 여러분은 아이가 궁금해 하는 모든 앱을 조사하고, 아이가 원하는 모든 구매에 대해 인지하고 있어야 합니다. 인앱 구매 기능을 갖춘 모든 앱은 자동 결제되는 기존 계정과 연결될 것입니다. 이 모든 것들은 비밀번호를 통해 이루어지기 때문에, 아이에게 비밀번호를 알려 주는 것은 단순히 앱을 다운로드하는 것 이상의 가능성을 열어 주는 것입니다. 새로운 앱을 일일이 평가하는 것은 단순히 귀찮은 정도지만, 아이에게 비밀번호를 내어 주는 것은 큰 문제로 이어질 수 있죠.

또한 아이들이 새로운 플랫폼이나 게임을 시작하려 할 때, 사용하고자 하는 앱을 여러분이 먼저 테스트해 보세요. 그리고 아이에게 그 앱의 어떤 기능을 좋아하는지, 그 이유는 무엇인지 물어보세요. 만약 아이들이 관심을 보인 앱의 사용을 허락하지 않을 때는 그 이유를 설명해 주어야 합니다. (자동으로 '좋아요'를 누르는 팝잼의 봇처럼) 문제가 되는 점을 구체적으로 짚어, 아이들이 비판적으로 생각할 수 있게 도와주세요.

9~12세

이 연령대의 아이들은 매일 전자 기기를 사용할 수 있을 뿐만 아니라, 개인 스마트폰이나 태블릿 PC를 가질 수도 있습니다. 이 시기가 오기 전에 올바른 습관과 대화 환경을 형성해, 아이들이 늘어나는 자유에 따른 책임도 알게끔 해 주는 것이 중요합니다. 아이들 가까이에 있는 기술을 외면하지 마세요. 아이들이 안전한 환경에서 탐색할 수 있도록, 그리고 맞닥뜨리는 문제에 대해 여러분과 토론할 수 있도록 이끌어 주세요.

자녀가 사용하는 각각의 앱을 조사하는 것 외에, 여러분이 자녀들의 활동을 모니터할 수 있도록 도와주는 다양한 도구들이 있습니다.

\# 최신 스마트폰은 아이들 및 여러분의 앱 사용 시간을 모니터링하는 기능을 갖추고 있습니다. 여러분의 자녀가 어떤 앱에서 어느 정도의 시간을 보내는지 파악할 수 있기에, 자기반성을 할 수 있는 좋은 도구가 되기도 합니다.

\# 스마트폰을 제어하는 ID를 통해 여러분이 원하는 대로 보안 환경을 변경할 수 있습니다. 설정 화면에서 구매 기능을 끌 수도 있죠.

\# 여러분은 앱 이용 현황에 대해 상세히 알려 주는 제3의 앱을 이용할 수도 있습니다. 디즈니의 '서클Circle'은 부모가 특정 기기에 연결해 이 앱을 사용할 시, 자녀의 인터넷 활동에 대한 자세한 사항을 모니터링할 수 있게 도와줍니다. 또한 이 앱을 통해 자녀의 인터넷 활동을 통제, 관리하는 것도 가능하죠.

\# '바크Bark'는 인공지능을 이용하여 자녀의 인터넷 사용과 온라인 행동에서 사이버 폭력, 부적절한 게시물, 우울증 등 여러 가지 위험 신호를 감지하는 앱입니다. 이 앱은 가족의 모든 기기에 접속할 수 있으며, 잠재적으로 위험한 행동을 예측해 부모에게 자녀의 어떤 상호 작용을 확인해야 하는지 알려 줍니다.

많은 부모가 아동의 연령에 비해 더 많은 앱과 SNS의 사용을 허락해 주고 있습니다. 고삐를 놓아 버린 채 아이들이 온라인에서 안전하다고 믿는 것은 어불성설이죠. 그게 바로 바크와 같은 모니터링 도구들이 개발되는 이유입니다. 이러한 앱은 아이들의 자유와 안전 사이의 간극을 메꾸기 위해 개발되었죠. 바크의 최고 경영자인 브라이언 베이슨Brian Bason은 포브스와의 인터뷰에서 모니터링 앱에 대한 영감을 어디에서 얻었는지 설명했습니다. 그의 설명은 아이들이 온라인 세계에 더 깊이 빠질 때 부모들이 경험하는 두려움과 크게 다르지 않았습니다.

> 저는 소셜 및 모바일 기술 분야에 몸담아 왔으면서도 제 아이들이 스마트폰을 갖게 되었을 때 아이들의 안전을 위해 어떻게 하는 것이 최선인지 명확히 알지 못했습니다. 그러나 대부분의 부모가 하는 것처럼 아이들의 휴대폰을 일일이 검사하는 방법을 택하지는 않았습니다. 시간 소모가 클 뿐 아니라, 아이들의 온라인 활동을 감시하기에는 비효율적인 접근이라 생각했기 때문입니다. 2015년 여름, 저는 제 자녀를 비롯한 모든 아이들이 보다 안전하게 온라인을 탐험할 수 있도록 도와주는 바크를 설립하게 되었습니다.[10]

오늘날에는 부모를 돕기 위한 다양한 도구가 개발되고, 인터넷 세계가 아이들에게 어떤 영향을 끼치는지에 대한 많은 연구가 이루어지고 있습니다. 사회적 비교나 확인 그리고 중독에 대한 공부를 게을리하지 마세요. 여러분의 자녀가 사회적 상호 작용에 관심을 갖게 된다면 점수를 쌓는 행위나 사회적 압력이 아이들에게 미치는 영향을 고려하고, 이러한 요소들이 어떻게 아이들의 행동과 정신 건강에 영향을 미칠 수 있는지 아이들에게 이야기해 주세요.

13세 이상

자녀가 10대 청소년이 되면, 여러분이 아이의 모든 것을 관리할 수 있을 거라는 기대는 접는 편이 좋습니다. 열세 살이 넘으면 대부분의 아이가 각자의 핸드폰을 갖게 되고, 서로 연결되며, 원하는 모든 앱을 다운로드할 수 있습니다. 또한 이용 약관에 따라 대부분의 플랫폼에 접근할 수 있게 됩니다.

10대가 된 아이는 현실 세계에서도 더 많은 자율성을 갖게 되면서, 여러분이 부모로서 원치 않는 것들에도 노출될 수 있습니다. 10대 시절의 저는 파티에 가고, 술과 마약을 하는 사람들에게 노출되었으며 그런 상황들을 책임감 있게 헤쳐 나가야 했습니다. 소셜 미디어의 시대에 아이를 키우는 것 또한 이러한 고비가 따르며, 우리가 할 수 있는 최선은 아이가 올바른 결정을 내릴 수 있도록 돕는 것입니다.

저 또한 케일리가 소셜 미디어를 시작하면 모든 상호 작용을 할 때마다 제가 아이 옆에 붙어 있지는 못할 것임을 알고 있습니다. 저는 우리가 지금까지 이 책에서 다루었던 사회적 확인이나 중독, 조종과 같은 문제에 대해 아이를 교육하는 데 초점을 두었습니다. 10대의 불안이나 우울감이 증가하고 있는 현 상황에서 저는 아이가 자신의 가치를 알고 자신이 하는 상호 작용의 영향을 분명히 이해하기를 원합니다. 케일리가 어디서 무엇을 하고 있는지 포스팅하려고 할 때, 불특정 다수가 그 사실에 대해 알게 되길 원하는지 아이가 스스로 다시 생각해 보기를 바랍니다.

10대들은 소셜 미디어의 영속성에 대해서도 알 필요가 있습니다. 인스타그램 '스토리'의 인기와 메신저 사용의 증가, 젊은 세대들의 페이스북 사용 급감을 통해 우리는 몇몇 긍정적인 지표들을 보았습니다. 아이들은 그들의 네트워크를 강화하면서도, 화면 속 관계에 무리하지는 않으려는 경향을 보입니다. 그럴 만한 이유가 있는데, 특히 10대에는 온라인과 오프라인 양쪽 모두에서 사람들의 평판이 중요해지기 때문입니다.

지워지지 않는 잘못 · · · ·

저는 아이들이 과거에 저지른 일들이 SNS를 통해 다시 재조명되어 대학 장학금을 잃는다거나, 팀에서 쫓겨난다거나, 직장을 잃는 이야기를 수도 없이 접했습니다.

누군가가 저에게 벤이라는 청년의 이야기를 들려주었습니다. 벤은 갓 학교를 졸업하여 유명한 투자 은행에 취직하려고 애쓰고 있었습니다. 모두가 탐내는 자리였고, 지원자들의 경쟁도 매우 치열했습니다. 벤은 높은 학점과 인상적인 이력서를 가지고 있었기 때문에 1차 관문에 당당히 통과했습니다. 최종 면접에 참석했을 때, 벤은 충격적인 사실을 깨달았습니다. 은행의 누군가가 온라인상에서 자신의 정보를 검색한 것입니다. 간부들은 4~5년 전 벤이 SNS에 마약을 암시하는 글을 올렸다는 것을 알게 되었고, 결국 벤은 불합격 통보를 받앞죠. 누가 이 이야기를 해 주었냐고요? 은행에 근무하는 고위 간부의 친구가 들려준 이야기입니다. 고위 간부의 친구는 그에게 위선자라고 말했습니다. 그들도 과거에는 술을 진탕 마시곤 했으니까요. 하지만 그건 중요한 게 아니었습니다. 은행이 벤의 과거를 파헤쳤을 때, 그가 경쟁력을 잃게 되었다는 사실이 중요하죠.

때로는 이런 이야기들로 인해 국제적으로 악명 높은 인물이 되기도 합니다. 2019년 여름, 파크랜드 고등학교 총기 난사 사건의 생존자 카일 카슈프Kyle Kashuv는 그가 과거에 친구와 주고받은 문자 메시지와 공유 문서에 남긴 인종 차별주의적이고 반유대적인 발언 때문에 하버드대학교 합격이 취소되었습니다.[11] 단정하여 이야기하기는 어렵지만, 이 예시는 온라인에서 했던 모든 활동이 영구적인 기록으로 남을 수 있음을 다시 한번 냉혹하게 상기시킵니다. 참고로 이 사건에서 문제가 되었던 메시지는 SNS에 공개되었던 것이 아닙니다. 이러한 문제가 비단 개방된 소셜 미디어 플랫폼에만 국한된 것이 아니라는 사실을 알 수 있죠.

스냅챗과 인스타그램의 '스토리'는 콘텐츠가 사라지도록 하겠다는 약속을 통해 사용자의 포스팅을 장려하지만, 이것을 스크린 숏으로 남기는 것은 여전히 가능합니다. 즉 우리가 소셜 미디어에 무언가를 올리는 순간, 그것은 무조건 영구적으로 남을 가능성을 가지게 됩니다.

소셜 미디어는 섹스, 술 등과 마찬가지로 부모가 아이들에게 이야기하기에 불편한 주제가 되었습니다. 하지만 어린 시절부터 이와 같은 대화를 나눔으로써, 우리는 아이들이 올바른 습관을 형성하도록 도와줄 수 있습니다.

마치며

더 멋진 세상을 위해

팝잼의 봇이 자동으로 케일리를 팔로우했을 때 마냥 행복해 하던 아이의 눈빛을 저는 결코 잊지 못할 겁니다. 그때의 일을 계기로, 저는 온라인 세계가 아이에게 미치는 영향을 깨닫기 시작했죠. 놀란 토끼 눈이 되어 기뻐하던 아이의 모습은 제 인생에 새로운 시대를 열었습니다. 제가 공부하고, 회사를 만들고, 이 책을 쓰는 데 큰 영감을 주었죠. 저는 그 어느 때보다 더 깊이 조사하고 연구했습니다. 그리고 저의 연구가 많은 어린이와 부모에게 안전하게 온라인 세계를 탐험하는 데 도움을 줄 수 있게 되어 매우 기쁩니다.

케일리의 경험이 이토록 큰 영향을 미친 유일한 이유는 제가 아이와 함께 그 순간을 경험했기 때문입니다. 아이는 계속해서 새로운 앱을 찾고, 새로운 흥밋거리를 탐색합니다. 그런 아이의 길잡이가 되어 주기 위해 저는 매 순간 아이와 함께합니다. 아이와 함께 이런저런 앱을 탐색하다 보면 아이들의 얼굴이나 몸짓, 그리고 참여 방식에서 미묘한 변화를 감지할 수 있습니다. 그 신호를 통해 우리는 아이들이 무엇을 원하는지 조금 더 깊이 이해할 수 있게 됩니다.

딸과 저의 관계, 그리고 기술에 대한 우리의 대화는 계속해서 진화하고 있습니다. 아이의 사회적 관계는 한두 명과의 교우 관계를 넘어 점점 더 넓게 확장되고 있고, 더 작은 집단으로 나뉘기도 합니다. 한창 그럴 나이죠. 이 과정을 지켜보는 것은 저에게도 정말 즐거운 일이었습니다. 그 안에서 기술이 어떤 역할을 하는지 지켜보는 일도 마찬가지였죠.

사실 기술은 아이의 지속적인 관계 성장에 필수 불가결한 요소입니다. 앞서 이야기했듯 우리 가족은 몇 해 전 이사를 했고, 딸은 기술의 힘을 빌려 능숙하게 자신의 오랜 친구들과 연락을 이어갔죠. 제가 어릴 적에는 친구가 이사를 가면 그것으로 곧 연락이 끊기곤 했습니다. 그 친구를 다시 만나기도, 소식을 듣기도 어려웠죠. 과거에는 누군가가 이사를 가면 그 친구와의 관계는 사실상 끝이 났을 겁니다. 아이러니하게도, 수십 년 후 페이스북에서 그 친구를 찾을 때까지는요.

기술은 우리를 연결합니다. 그것이 기술이 가진 아름다운 측면이죠. 저는 우리가 기술을 인정하고 받아들여 부모로서 아이들에게 그것을 적극적으로 소개하는 역할을 해야 한다는 의견에 동의하는 편입니다. 세상에 무슨 일이 일어나는지 잘 이해해야 아이와 더욱 의미 있는 대화를 나눌 수 있다고 생각하기 때문입니다.

케일리와 저는 항상 대화를 합니다. 아이가 저를 불안하게 만드는 플랫폼에 관심을 보이면 저는 저의 불편한 감정을 설명하기 위해 몇 가지 예를 들곤 합니다. 그런 다음 그것이 어떤 의미인지 대화를 나누죠. 우리는 서로 기술을 공유하기도 합니다. 아이와 저는 최근 마인크래프트 코딩을 시작해 직접 제작한 디자인 요소를 게임에 접목할 수 있게 되었죠. 그뿐만 아니라 아이는 이런 프로그램과 앱, 게임이 실제로 어떻게 작동하는지에 대해서도 배우고 있습니다. 아이와 함께 이런 시간을 보내는 것은 굉장히 유익하고, 또 중요합니다.

아이가 더 자라면 우리는 온라인 참여의 영속성, 사회적 확인처럼 조금 더 진지한 주제로 대화를 나누게 될 겁니다. 저는 기술을 받아들임으로써 기술이 주는 혜택과 문제점들을 스스로 공부해야겠다고 생각하게 되었습니다. 케일리가 자라면 우리는 그러한 것들에 관해 대화를 나눌 준비가 되어 있을 겁니다.

조던 샤피로는 우리가 기술의 발달을 통해 뉴노멀(시대의 변화에 따라 새롭게 떠오르는 기준)을 경험하고 있다고 지적했죠. 이것이 바로 오늘날의 세계입니다. 뉴노멀을 받아들이고 아이들을 위한 적극적인 길잡이가 되는 것이 바로 우리 부모들의 역할입니다. 이 책에 나오듯, 훌륭한 자료가 많습니다. 다이애나 그래버, 애덤 알터, 조던 샤피로도 이 주제에 대해 통찰력 있는 책을 펴냈죠. 흥미로운 점은 어린이와 기술 분야에 몸담고 있는 많은 이들이 비슷한 자료를 인용하고 있다는 것입니다. 이 주제에 대한 연구가 아직 충분히 이루어지지 않았다는 사실을 방증하죠. 기술의 이용과 우울, 불안, 그리고 자살률의 관계는 아마도 우연, 그 이상을 의미할 겁니다. 하지만 명확한 관계는 아직 완전히 밝혀지지 않은 실정입니다. 기술이 우리에게 미치는 영향, 그리고 그것으로부터 우리 자신과 아이들을 보호하는 방법을 밝혀내기 위해서는 심도 있는 후속 연구가 반드시 필요합니다. 이 책을 계기로 앞으로 더 많은 연구가 이루어지고, 부모와 자녀가 온라인상에서 안전하게 행동하기 위해 무엇을 해야 하는지 더 많은 고민이 이루어지길 바랍니다.

오늘날의 기술 관련 이슈 중 스마트폰 중독과 사회적 비교는 매우 심각한 문제로 손꼽힙니다. 책임감 있는 부모로서 이러한 현안을 더욱 잘 파악하기 위해 우리가 취해야 할 행동들이 있습니다. 우선, 여러분의 자녀가 어떤 플랫폼을 이용하고 있는지 살펴보고, 소셜 미디어 및 게임 업체가 어떻게 운영되고 있는지 파악해야 합니다. 대다수의 사람이 사이버 폭력의 위험성에 대해서는 인지하고 있지만, 사회적 배제, 태그, '좋아요'와 팔로워 수를 늘리는 등의 행동이 위험하다는 생각은 하지 않습니다. 저는 부모들이 사회적 확인 및 비교에 대해 이해하고, 이런 행동들이 정신 건강이나 불안 문제의 징후가 될 수 있다는 것을 인지하기를 바랍니다.

부모들은 이 책에서 소개하는 정보를 통해 아이들이 온라인 탐험을 막 시작하는 단계부터 그들과 긍정적인 대화를 이끌어 나갈 수 있습니다. 앱을 능수능란하게 다루는 10대 자녀를 두었다 해도, 이들이 소셜 미디어를 이용하며 겪는 문제에 대해 언제든 대화를 나눌 수 있을 겁니다. 이 책이 자녀와 대화를 나누고, 적합한 질문을 던지고, 아직 드러나지 않은, 잠재적으로 해로울 수 있는 문제에 대해 인지하는 데 도움이 되면 좋겠습니다.

장기적으로 저는 이 주제에 대한 대화가 점점 확대되어 아동 심리학자들과 대학에서 더 많은 연구를 시행하고, 기술이 아이들에게 미치는 영향을 밝혀내는 계기가 되기를 바랍니다. 이 책을 쓰는 동안 저와 인터뷰를 나누었던 아동 심리학자, 르네 보몬트 박사는 기술이 아동에게 미치는 영향에 관한 연구를 시작했고, 다른 연구자들의 참여를 아래와 같은 말로 촉구하고 있습니다.

> 기술이 장기적으로 아동의 사회적, 정서적, 신체적, 인지적 발달에 미치는 영향을 밝히려면 수년에 걸쳐 아동이 속한 집단을 추적하는 종적 연구를 포함한 많은 연구가 이루어져야 합니다.[1]

스마트폰 이용이 아이들에게 미치는 영향에 대한 최신 연구에 관심이 있는 부모, 교육자, 연구자들이 있다면 커먼센스미디어의 최신 연구를 읽어보시기를 바랍니다. 저의 조언자 중 한 명인 대런 로르 Darren Laur도 수만 명의 학령기 아동과 그들의 부모를 대상으로 디지털 문해력과 책임감에 관한 연구를 진행하고 있습니다. 화이트 해터White Hatter(워크숍 및 프레젠테이션 등을 통해 인터넷 안전과 디지털 사용에 관한 교육을 제공하는 기업 — 옮긴이)로도 알려진 대런은 전직 육군 하사이자, 소셜 미디어 안전과 디지털 문해력 분야에서 인정받는 전문가이며 기조 연설가입니다. 그는 자신의 웹 사이트를 통해 부모를 위한 방대한 자료를 제공하고 있습니다.

더 많은 연구와 교육을 통해 우리는 소셜 미디어 플랫폼의 변화를 도모할 수 있습니다.

긍정적인 변화는 이미 나타나고 있습니다. 소셜 미디어 플랫폼들도 '좋아요'와 팔로워의 수를 늘리는 행위보다 더 긴밀한 커뮤니티를 형성하고 프라이버시를 중시하는 방향으로 나아가고 있죠. 킨주도 어린 사용자들은 물론 가족 구성원 모두의 욕구를 충족시킬 수 있는 프라이빗 메신저를 개발하는 데 최선을 다하고 있습니다.

아이들은 우리의 미래입니다. 앞으로 이 거대한 온라인 세상을 물려받게 될 주인공들이죠. 우리는 아이들의 손에 더 멋진 온라인 세상을 물려 줘야 합니다.

가장 먼저 이 책을 쓰는 데 큰 도움을 준 저의 아내, 헤더에게 고맙다는 말을 하고 싶습니다. 언제나 조언을 아끼지 않았으며, 글을 쓸 수 있도록 조용한 시간을 만들어 주었습니다. 정말 고맙고 사랑합니다. 저의 두 아이, 케일리와 에이든에게도 감사 인사를 해야겠습니다. 너희들의 경험을 통해 아빠는 기술의 역할에 대해 공부하는 것이 중요한 일이라는 걸 깨달았단다. 케일리, 에이든! 말로 다 할 수 없을 만큼 너희들을 사랑한다. 그리고 이 책을 위해 물심양면으로 힘써 주시고, 추천사까지 써 주신 르네 보몬트 박사님께도 진심으로 감사하다는 말을 전하고 싶습니다.

앞서 말했듯, 우리 삶에서 기술이 어떤 역할을 하는지 완전히 이해하기 위해서는 더 많은 연구가 필요합니다. 현대 기술과, 기술이 아이들에게 미치는 영향에 대해 연구하고, 글로 쓰고, 이야기하는 많은 훌륭한 사람들에게 감사 인사를 드립니다.

자료와 참고 문헌

프롤로그

1. "The Common Sense Census: Media Use by Kids Age Zero to Eight", *Common Sense Media*, 2017

2. Jordan Shapiro, *The New Childhood* (New York: Little, Brown, 2018)

1장 화면 속의 소속감

1. Saul McLeod, "Maslow's Hierarchy of Needs", *SimplyPsychology*, 2018

2. Roy F. Baumeister, Mark R. Leary, "The Need to Belong: Desire for Interpersonal Attachments as a Fundamental Human Motivation", *Psychological Bulletin* 117, no. 3 (1995): 497-529

3. Roy F. Baumeister and Dianne M. Tice, "Anxiety and Social Exclusion", *Journal of Social and Clinical Psychology* 9, no. 2 (1990): 165-95

4. N. I. Eisenberger, M. D. Lieberman, and K. D. Williams, "Does Rejection Hurt? An fMRI Study of Social Exclusion", *Science* 302, no. 5643 (2003): 290-92

5. Jacob Bogage, "Youth Sports Still Struggling with Dropping Participation, High Costs and Bad Coaches, Study Finds", *Washington Post*, 2018년 10월 16일

6. Simon Kemp, "Digital in 2018: World's Internet Users Pass the 4 Billion Mark", *We Are Social*, 2018년 1월 30일

7. Jordan Shapiro, *The New Childhood* (New York: Little, Brown Spark, 2018)

2장 소셜 미디어를 하는 동안 뇌에서는…

1. Adam Alter, *Irresistible* (New York: Penguin, 2017)

2. Anya Kamenetz, "Is 'Gaming Disorder' an Illness? WHO Says Yes, Adding It to Its List of Diseases", *NPR*, 2019년 5월 28일

3. Simon Parkin, "Has Dopamine Got Us Hooked on Tech?", *The Guardian*, 2018년 3월 4일

4. Robert Sapolky, "Dopamine Jackpot! Sapolsky on the Science of Pleasure" (프레젠테이션, California Academy of Sciences, 샌프란시스코, CA, 2011년 2월 15일)

5. Mike Allen, "Sean Parker Unloads on Facebook: 'God Only Knows What It's Doing to Our Children's Brains'", *Axios*, 2017년 11월 9일

6. David Brooks, "How Evil Is Tech?", *New York Times*, 2017년 11월 20일

7. Trevor Haynes, "Dopamine, Smartphones & You: A Battle for Your Time", *Harvard University* (블로그), 2018년 5월 1일

8. "About Tristan Harris", *TristanHarris.com*, 2019

9. Anderson Cooper, "What Is 'Brain Hacking'? Tech Insiders on Why You Should Care", *60 Minutes*, 2017년 4월 9일

10. "Jaron Lanier Interview on How Social Media Ruins Your Life", 유튜브 영상, *Channel 4 News*, 2018년 6월 15일

11. Kurt Wagner, "Apple Says It's Banning Facebook's Research App That Collects Users' Personal Information", *Vox*, 2019년 1월 30일

12. Simon Kemp, "Digital in 2018: World's Internet Users Pass the 4 Billion Mark", *We Are Social*, 2018년 1월 30일

13. Ichiro Kawachi and Lisa F. Berkman, "Social Ties and Mental Health", *Journal of Urban Health* 78, no. 3 (2001)

14. Dr. Renae Beaumont, 작가와 주고받은 이메일에서 발췌, 2019년 3월 17일

15. Jean M. Twenge, *iGen* (New York: Simon and Schuster), 2017

16. Jean M. Twenge, "Have Smartphones Destroyed a Generation?", *The Atlantic*, 2017년 9월

17. "Suicide Injury Deaths and Rates Per 100,000", accessed from "Injury Prevention & Control", *Centers for Disease Control and Prevention*, 2019

18. Amy Orben, Tobias Dienlin, and Andrew K. Przybylski, "Social Media's

Enduring Effect on Adolescent Life Satisfaction", *Proceedings of the National Academy of Sciences*, 2019년 5월

19. Nicola Davis, "Children's Social Media Use Has 'Trivial' Effect on Happiness-Study", *The Guardian*, 2019년 5월 6일

20. Taylor Heffer, et al., "The Longitudinal Association between Social-Media Use and Depressive Symptoms among Adolescents and Young Adults", *Clinical Psychological Scien*ce, 2019년 1월 29일

3장 '좋아요'가 좋지 않은 이유

1. Essena O'Neill, 팬들에게 쓴 편지, 2016

2. "Instagram Rich List 2018", *Hopper*, 2018

3. Rameet Chawla, "Lovematically", *Fueled*, 2019년 4월 17일

4. Erin Griffith, "How One Founder Used Instagram Likes to Earn $500K in Business", *Fortune*, 2014년 2월 14일

5. Jessica Contrera, "13, Right Now: What It's Like to Grow Up in the Age of Likes, Lols and Longing", *Washington Post*, 2016년 5월 25일

6. Deepa Seetharaman, "Instagram Unveils Instagram Stories", *Wall Street Journal*, 2016년 8월 2일

7. Matthew Ingram, "Here's Why Facebook Is So Desperate to Buy, Copy or Kill Snapchat", *Fortune*, 2016년 8월 2일

8. Deepa Seetharaman, "Instagram Unveils Instagram Stories", *Wall Street Journal*, 2016년 8월 2일

9. "Number of Daily Active Instagram Stories Users from October 2016 to January 2019 (In Millions)", *Statista*, 2019

10. "Piper Jaffray 32nd Semi-Annual Taking Stock with Teens Survey", *Piper Jaffray Sr. Research Analysts*, 2016년 가을

11. "Piper Jaffray 36th Semi-Annual Taking Stock with Teens Survey", *Piper Jaffray Sr. Research Analysts*, 2018년 가을

12. Alex Hern, "Why Instagram Would Rather Posts Disappear Than Be

Deleted by Users", *The Guardian*, 2017년 5월 30일

13. Jane Manchun Wong, 트위터 포스트, 2019년 4월 18일

14. Adina Bresge, "Instagram Making 'Like' Counts Private for Some Canadian Users", *Canadian Press*, 2019년 5월 1일

15. Mark Bergen, "YouTube Executives Ignored Warnings, Letting Toxic Videos Run Rampant", *Bloomberg*, 2019년 4월 2일

16. Makena Kelly, "Facebook Begins Telling Users Who Try to Share Distorted Nancy Pelosi Video That It's Fake", *The Verge*, 2019년 5월 25일

17. Anderson Cooper, "Cooper Grills Facebook VP for Keeping Pelosi Video Up", *CNN*, 2019

18. John Gramlich, "10 Facts about Americans and Facebook", *Pew Research Center*, 2019년 5월 16일

19. Stephen Marche, "Is Facebook Making Us Lonely?", *The Atlantic*, 2012년 5월

20. Kurt Wagner, "Mark Zuckerberg Believes Facebook's Future Is Private Messaging", *Vox*, 2019년 5월 6일

4장 조종당하는 인간 화폐

1. Tristan Harris, "How Technology Hijacks People's Minds-from a Magician and Google's Design Ethicist", essay on *TristanHarris.com*, 2016년 5월 19일

2. Josh Constine, "Facebook Reserves $3B for FTC Fine, but Keeps Growing with 2.38B Users in Q1", *TechCrunch*, 2019년 5월

3. "Facebook Reports First Quarter 2019 Results", Facebook Press Release, 2019년 4월 24일

4. "Facebook Market Cap", *Y Charts*, 2019년 6월 4일

5. Kara Swisher and Scott Galloway, "The FTC & 'the Algebra of Deterrence'", *Pivot* (팟캐스트), 2019

6. Bruce Upbin, "Facebook Buys Instagram for $1 Billion. Smart Arbitrage", *Forbes*, 2012년 4월 9일

7. "Number of Monthly Active Facebook Users Worldwide as of 1st Quarter 2019", *Statista*, 2019

8. Josh Constine, "WhatsApp Hits 1.5 Billion Monthly Users. $19B? Not So Bad", *TechCrunch*, 2018

9. "Number of Monthly Active Facebook Users Worldwide as of 1st Quarter 2019", *Statista*, 2019

10. Emily McCormick, "Instagram Is Estimated to Be Worth More Than $100 Billion", *Bloomberg*, 2018년 6월 25일

11. Josh Constine, "WhatsApp Hits 1.5 Billion Monthly Users. $19B? Not So Bad", *TechCrunch*, 2018

12. Mike Isaac, "Zuckerberg Plans to Integrate WhatsApp, Instagram and Facebook Messenger", *New York Times*, 2019년 1월 25일

13. "Jaron Lanier Interview on How Social Media Ruins Your Life", 유튜브 영상, *Channel 4 News*, 2018년 6월 15일

5장 야수에게 먹이 주기

1. "Annual Report 2018", Facebook, 2018

2. "Form 10-K 2018", Alphabet, 2018

3. "Annual Report 2018", Twitter, 2018

4. "Annual Report 2018", Snap Inc., 2018

5. Scott Galloway, "There Is Another", *Gartner*, 2018년 5월 11일

6. Zoe Williams, "Ten Arguments for Deleting Your Social Media Accounts Right Now by Jaron Lanier-Review", *The Guardian*, 2018년 3월 30일

7. Josh Constine, "How Instagram's Algorithm Works", *TechCrunch*, 2018년 6월 1일

8. Adam Mosseri, "How the Facebook Algorithm Works", *YouTube*, 2018년 10월 11일

9. John Gramlich, "10 Facts About Americans and Facebook", *Pew Research Center*, 2019년 5월 16일

10. Katerina Eva Matsa and Elisa Shearer, "News across Social Media Platforms 2018", *Pew Research Center*, 2018년 9월 10일

11. Shannon Tien, "How the Facebook Algorithm Works and How You Can Make It Work for You", *Hootsuite*, 2018년 4월 25일

12. Steven Englehardt, Gunes Acar, and Arvind Narayanan, "No Boundaries for Facebook Data: Third-Party Trackers Abuse Facebook Login", *Freedom to Tinker*, 2018년 4월 18일

13. Louise Matsakis, "The Security Risks of Logging In with Facebook", *Wired*, 2018년 4월 19일

14. Izzy Lapowsky, "Facebook Exposed 87 Million Users to Cambridge Analytica", *Wired*, 2018년 4월 4일

15. Charlie Grinnell, 작가와의 인터뷰, 2019년 2월 13일

16. "About", Facebook Business, 2019

17. Perry Marshall, "How to Use the Two Greatest Superpowers of Facebook's Analytics Tool", *Entrepreneur*, 2017년 11월 1일

6장 디지털과 함께 태어난 아이들

1. Sapna Maheshwari, "On YouTube Kids, Startling Videos Slip Past Filters", *New York Times*, 2017년 11월 4일

2. Sam Levin, "Google to Hire Thousands of Moderators after Outcry over YouTube Abuse Videos", *The Guardian*, 2017년 12월 5일

3. "YouTube by the Numbers", *Omnicore*, 2019년 1월 6일

4. Jacqueline Howard, "What's the Average Age When Kids Get a Social Media Account?", *CNN*, 2018년 6월 22일

5. "Kids&Tech: The Evolution of Today's Digital Natives", *Influence Central*, 2016

6. Jaqueline Howard, "What's the Average Age When Kids Get a Social Media Account?", *CNN*, 2018년 6월 22일

7. "Kids & Tech: The Evolution of Today's Digital Natives", *Influence Central*,

2016

8. oug Criss, "A Mom Found Videos on YouTube Kids That Gave Children Instructions for Suicide", *CNN*, 2019년 2월 25일

9. Dr. Free N. Hess, "YouTube Kids. There Is Still a HUGE Problem", *PediMom* (블로그), 2019

10. Mark Zuckerberg, "Mark Zuckerberg: The Internet Needs New Rules. Let's Start in These Four Areas", *Washington Post*, 2019년 3월 30일

11. Sherisse Pham, "TikTok Hit with Record Fine for Collecting Data on Children", *CNN Business*, 2019년 2월 28일

12. Julia Alexander, "YouTube is Disabling Comments on Almost All Videos Featuring Children", *The Verge*, 2019년 2월 28일

13. Jeremy Dickson, "Study: SVOD & Video App Brands Most Popular with Kids", *Kidscreen*, 2018년 7월 19일

14. "Kids & Tech: The Evolution of Today's Digital Natives", Influence *Central*, 2016

15. "Number of Child, Teen, and Young Adult Facebook, Instagram, and Snapchat Users in the United States as of August 2017 (in Millions)", *Statista*, 2017

16. Julia Glum, "Meet the Head of TikTok, a 35-Year-Old Who Makes Employees Do Pushups If They Don't Get Enough Likes", *Yahoo Finance*, 2019년 1월 10일

17. "Exploring Play and Creativity in Pre-Schoolers' Use of Apps", *Tech and Play*, 2019

18. "Life in 'Likes': Children's Commissioner Report into Social Media Use among 8-12 Year Olds", *Children's Commissioner Report*, 2018년 1월 4일

7장 스마트 시대에 아이를 키운다는 것

1. "Jaron Lanier Interview on How Social Media Ruins Your Life", 유튜브 영상, *Channel 4 News*, 2018년 6월 15일

2. Konstantinos Papadamou, "Disturbed YouTube for Kids: Characterizing

and Detecting Inappropriate Videos Targeting Young Children", *arXive. org*, 2019년 1월 21일

3. Danielle Abril, "Facebook Once Again Under Fire for In-App Purchases Made by Children", *Fortune*, 2019년 2월 21일

4. Brian X. Chen, "Are Your Children Racking Up Charges from Mobile Games?", *New York Times*, 2019년 2월 6일

5. Edward Wyatt and Brian X. Chen, "Apple to Refund App Store Purchases Made Without Parental Consent", *New York Times*, 2014년 1월 15일

6. "Google to Refund Consumers at Least $19 Million to Settle FTC Complaint It Unlawfully Billed Parents for Children's Unauthorized In-App Charges", *Federal Trade Commission*, 2014년 9월 4일

7. "Refunds Now Available from Amazon for Unauthorized In-App Purchases", *Federal Trade Commission*, 2017년 5월 30일

8. Dr. Renae Beaumont, 작가와 주고받은 이메일에서 발췌, 2019년 3월 17일

9. Diana Graber, *Raising Humans in a Digital World* (New York: Amacom, 2019)

10. Amit Chowdhry, "How Bark Protects Kids from Online Bullying", *Forbes*, 2017년 10월 31일

11. Patricia Mazzei, "Racist Comments Cost Conservative Parkland Student a Place at Harvard", *New York Times*, 2019년 6월 17일

마치며

1. Dr. Renae Beaumont, 작가와 주고받은 이메일에서 발췌, 2019년 3월 17일

화면 속에 갇힌 아이들 구하기

1판 1쇄 인쇄 2021년 9월 5일
1판 1쇄 발행 2021년 9월 10일

지은이 션 허먼
옮긴이 안세라
펴낸이 이윤규

펴낸곳 유아이북스
출판등록 2012년 4월 2일
주소 (우) 04317 서울시 용산구 효창원로 64길 6
전화 (02) 704-2521
팩스 (02) 715-3536
이메일 uibooks@uibooks.co.kr

ISBN 979-11-6322-062-6 03370
값 14,800원